DIE 100 BESTEN REZEPTE AUS ALLER WELT
DESSERTS
AUSGEWÄHLT VON CHRISTIAN TEUBNER

DIE 100
BESTEN REZEPTE
AUS ALLER WELT

DESSERTS

AUSGEWÄHLT VON CHRISTIAN TEUBNER

TEUBNER EDITION

Inhalt

KÜCHENPRAXIS	6
PORTUGAL	
Geeiste Portweincreme	12
SPANIEN	
Mandel-Orangen-Törtchen	14
Gratinierte Erdbeeren	16
Creme-Krapfen	18
Birnen in rotem Rioja	20
Flan de naranja	22
FRANKREICH	
Crème au cognac	24
Birnen-Creme-Tarte	26
Obstsalat mit Orangensauce	28
Crème caramel	30
Crêpes mit Himbeeren und Orangensauce	32
Profiteroles	34
Clafoutis mit Aprikosen	36
Kaffee-Charlotte	38
Rotwein-Erdbeeren mit Apfelsinensorbet	40
Melonensorbet	42
Walnußparfait	44
Pfefferminz-Granité	46
Mandarinen-Charlotte	48
Pfirsiche in Rotwein	50
Mille-feuille	52
Flambierte Feigen	54
Granité von Sauternes in der Melone	56
BRITISCHE INSELN	
Toffee-Pudding	58
Ausgebackene Kirschen mit Schokoladensauce	60
An excellent trifle	62
Kirsch-Joghurt-Mousse	64
Chocolate fudge tortlets	66
Quittentörtchen	68
Preiselbeer-Eissoufflé	70
HOLLAND	
Smoutebollen	72
BELGIEN	
Mokka-Eissoufflé	74
Waffeln mit Stachelbeeren und Vanilleeis	76
DÄNEMARK	
Beerenkaltschale mit Schneeklößchen	78
RUSSLAND	
Buchweizen-Blinis mit Quarkfüllung	80
TSCHECHIEN	
Powidltascherln	82
Grießstrudel mit Mohn	84
DEUTSCHLAND	
Gebackene Holunderblüten	86
Beerenkompott mit Creme-Windbeuteln	88
Grießflammeri mit herbstlichem Kompott	90
Geeiste Schokoladenmousse	92
Fruchtige Sahneroulade	94
Apfelbeignets	96
Biskuit mit Walderdbeersahne	98
Kaffee-Eclairs	100
Haselnuß-Nockerln	102
Pfirsichbaiser	104
Kaffee-Schokoladen-Eis	106
ÖSTERREICH	
Liwanzen	108
Topfenknödel	110
Zwetschgenknödel	112
Weingugelhupf	114
Mohr im Hemd	116
Apfelstrudel	118
Brandteigkrapfen mit Zimtsabayon	120
Dukatenbuchteln	122

SCHWEIZ
Kastanienparfait
  mit Schokoladensabayon   124
Birnenpastete
  mit Marzipanmantel   126
Mousse au chocolat
  mit Maracujasauce   128

ITALIEN
Reis-Quitten-Nocken
  mit Holunderkompott   130
Crema fritta   132
Brombeerparfait   134
Panna cotta   136
Fritole Venessiana   138
Zuppa inglese   140

UNGARN
Topfenpalatschinken   142
Gebackene Quitten mit Zimteiscreme   144

KROATIEN
Traubenkuchen   146

BOSNIEN
Marillenreis   148
Mandelbrote   150

GRIECHENLAND
Zitronengrießschnitten
  mit Nektarinenkompott   152

TÜRKEI
Tulumba tatlısı   154
Safranreis   156

MAROKKO
Reispudding mit Orangensalat   158

SRI LANKA
Flambierte Bananen   160

INDIEN
Gebackenes Obst   162

THAILAND
Ananasreis   164
Klebreis mit Mango   166
Gefüllte Papaya mit Baiserhaube   168

MALAYSIA
Kokosröllchen mit Ananasfüllung   170

INDONESIEN
Black rice pudding   172

PHILIPPINEN
Jackfruit-Kompott   174

KANADA
Pancakes   176

USA
Mango-Käse-Torte   178
Schokoladenparfait mit Zimtsauce   180
Lime pie   182
Schokoladentortelett mit Zitrusfrüchtesalat   184
Apfelsorbet   186
Feigen-Tart   188
Gingerbread-Soufflé   190

KARIBISCHE INSELN
Blue Mountain coffee mousse   192
Dreierlei Melonen in Passionsfruchtsauce   194
Baba au rhum   196
Schokoladenwaffeln mit Kokosnuß-Sorbet   198
Spiced bananas   200

MEXIKO
Mangos mit Schokoladen-Kaffee-Sauce   202
Tequila-Birnen   204

KOLUMBIEN
Heiße Baumtomaten mit Honigparfait   206
Limettencreme   208

BRASILIEN
Kokoscremeschnitten   210

GERÄTE UND HILFSMITTEL   212

REGISTER   213

FÜR 4 PORTIONEN!
Wenn nicht anders angegeben, sind die Rezepte grundsätzlich für 4 Portionen berechnet.

KÜCHENPRAXIS

Desserts

SÜSS UND VERFÜHRERISCH, GEHÖREN SIE ALS KRÖNENDER ABSCHLUSS ZU JEDEM GELUNGENEN MENÜ.

Allen Schlankheitskuren und Diätvorschriften zum Trotz werden Desserts nach wie vor sehr geschätzt. Dabei haben sie eine vergleichsweise junge Tradition, die eng mit der Entdeckung und Verbreitung des Zuckers verknüpft ist. Vor allem seit dieser nicht mehr aus Übersee importiert werden mußte, sondern aus heimischen Zuckerrüben gewonnen wurde, gab es im 18. Jahrhundert eine wahre Zuckereuphorie. Inzwischen ist man von allzuviel Zucker wieder abgerückt, und Honig sowie brauner Zucker oder die Süße der Früchte selbst finden heute ebenso Verwendung wie die raffinierte Ware. Geblieben ist aber die Vorliebe für leckere Cremes, erfrischende Obstsalate, zartschmelzende Eisdesserts, fruchtige Sorbets oder auch luftige Sabayons. Wichtig ist dabei nur eines: die Qualität der verwendeten Produkte. Sie ist für das Gelingen der Desserts absolute Voraussetzung. So müssen zum einen Eier, Milch und Sahne unbedingt ganz frisch sein, zum andern sollten heimische aber auch exotische Früchte reif und vollaromatisch sein. Da die Mehrzahl der hier vorgestellten Nachspeisen – ob Cremes, Eis oder Parfaits – durch eine Sauce oder durch ein Kompott ergänzt werden, ergeben sich für den Benutzer dieses Buches enorme Variationsmöglichkeiten.

Schlägt etwa ein Rezept eine Sauce aus Erdbeeren vor und haben diese gerade keine Saison, kann – je nach Geschmack – auch eine andere Fruchtsauce dazu gereicht werden. Entscheidend ist in jedem Fall das jeweilige Marktangebot. Zunächst werden die wichtigsten Grundzubereitungen in Wort und Bild vorgestellt. Wie läßt sich Cremeeis oder ein Sorbet selbst herstellen? Worin besteht der Unterschied zwischen einer englischen Creme und einer Crème pâtissière? Dies alles ist leicht nachvollziehbar auf den ersten Seiten erklärt, ebenso die wichtigsten Garniturmöglichkeiten aus Schokolade.

SAHNE RICHTIG SCHLAGEN

Je kühler nämlich Sahne, verwendete Gerätschaften sowie die Raumtemperatur sind, desto besser gelingt die Sahne.

Sahne schlagen:

Die Sahne in einer Schüssel mit dem Handrührgerät schlagen – bei halber Leistung. Um luftig und locker zu werden, braucht sie Zeit.

Kreisende Bewegungen verhindern ein unregelmäßiges Aufschlagen der Sahne. Nur mit vorgekühlten Geräten arbeiten.

Von Hand mit dem Schneebesen fertig schlagen. Die Sahne erhält so die richtige Festigkeit, ein »Überschlagen« wird vermieden.

KÜCHENPRAXIS

SORBETS ZUBEREITEN

In einer Sorbetière (kleine Eismaschine) gelingen Sorbets in jeder gewünschten Konsistenz und werden besonders cremig. Im unten gezeigten Beispiel geben Tamarillos und Limetten dem Sorbet seinen Geschmack, es läßt sich aber auch mit jedem anderen Fruchtpüree zubereiten.

Für 8 bis 10 Portionen
160 g Zucker, 300 ml Wasser, 1 Nelke
1 Stück Schale von 1 unbehandelten Zitrone
500 g Tamarillos (Baumtomaten)
Saft von 2 Limetten

Tamarillo-Sorbet zubereiten:

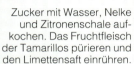

Zucker mit Wasser, Nelke und Zitronenschale aufkochen. Das Fruchtfleisch der Tamarillos pürieren und den Limettensaft einrühren.

Das Tamarillofruchtpüree durch ein feines Sieb streichen, Mark und Saft dabei in einer Schüssel auffangen.

Den abgekühlten Zuckersirup zum Fruchtpüree gießen, vorher Nelke und Zitronenschale entfernen.

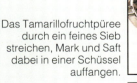

Die Zuckersirup-Tamarillo-Mischung gut verrühren und in die vorgekühlte Sorbetière gießen.

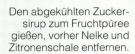

Die Masse in der Sorbetière ganz nach Geschmack mehr oder weniger cremig frieren.

Wer keine Sorbetière zur Verfügung hat, kann Sorbets auch »manuell« zubereiten, von den Zutaten her macht dies keinen Unterschied. In dem Fall wird die Sorbetmischung in möglichst kurzen Abständen beim Gefrieren durchgerührt, damit sich keine großen Eiskristalle bilden können. Das Sorbet gerät dann zwar nicht ganz so cremig, ist aber dennoch an heißen Tagen eine willkommene Erfrischung. Die »manuelle« Methode ist sehr einfach und läßt sich am Beispiel des hier vorgestellten Sauerkirschsorbets leicht nachvollziehen.

500 g frische Sauerkirschen
180 g Zucker, 300 ml Wasser
1 Stück Zimtrinde (etwa 5 cm)
Saft von 1/2 Zitrone

Für das Sauerkirschsorbet die Kirschen waschen und abtropfen lassen. Den Zucker mit Wasser und Zimtrinde aufkochen, erkalten lassen. Weiterverfahren, wie in der Bildfolge unten gezeigt.

Die manuelle Methode:

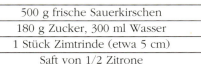

Die Zimtrinde entfernen. Die Sauerkirschen im Mixer pürieren, den Zitronensaft unterrühren und mit dem Zuckersirup vermischen.

Die Mischung in einer Schüssel mit großem Durchmesser im Gefrierfach frieren. Nach 30 Minuten erstmals durchrühren.

In kurzen Abständen durchrühren. Je öfter, desto geschmeidiger wird das Sorbet. Allerdings verlängert sich die Gefrierzeit.

Hat das Sorbet die gewünschte Konsistenz, mit dem Eisportionierer Kugeln formen und schnell servieren.

Granité zubereiten:
Für ein Champagnergranité 70 g Puderzucker mit dem Saft von 1 Limette verrühren. 0,7 l trockenen Champagner unterrühren. Die Flüssigkeit in ein flaches Gefäß füllen und frieren lassen. Am Rand gefriert das Granité immer zuerst. Es wird unter den noch flüssigen Teil der Mitte gemischt. Die gefrorene Schicht mit einem Löffel abschaben. Durch den niedrigen Zuckergehalt bilden sich beim Gefrieren kleine Kristalle, deren Körnung durch die Häufigkeit des Rührens variiert werden kann.

Feine Cremes

MAL LEICHT UND LUFTIG, MAL STABILER UND ZUM STÜRZEN GEEIGNET, SIND SIE UNENTBEHRLICH FÜR VIELE DESSERTS.

Ob Mousse oder Sabayon, ob eine gekochte Crème caramel, eine Bayerische Creme oder eine Crème pâtissière, die Hauptbestandteile der zartschmelzenden Köstlichkeiten sind immer dieselben: Sahne oder Milch, Zucker und Eier.

DIE ENGLISCHE CREME

Die englische Creme oder Crème à l'anglaise, Ausgangspunkt für eine ganze Reihe von Desserts, besser bekannt als »Vanillesauce«, wird traditionell zu Buchteln oder Apfelstrudel gereicht. Sie ist die Grundlage für gestürzte Cremes, aber auch Basis eines jeden guten Cremeeises. Ihre zarte Struktur verdankt sie dem Eigelb, das beim Gerinnen die Flüssigkeit bindet. Wichtig bei der Zubereitung: Es dürfen keinerlei Eiweißreste an den Eigelben haften. Das Eiweiß würde sonst beim Erhitzen zu Klümpchen gerinnen. Wichtig auch, die Creme darf keinesfalls kochen, denn dann würde das Ei stocken und mit der cremigen Pracht wäre es vorbei. Hält man sich dagegen an die Vorgaben, steht dem Erfolg nichts im Weg.

Für die englische Creme zunächst die Milch mit der aufgeschlitzten Vanilleschote aufkochen. Die Schote herausnehmen und das Mark in die heiße Milch zurückstreifen. Die Vanillemilch bis zur weiteren Verwendung warm stellen und weiterverfahren, wie unten gezeigt.

1/2 l Milch, 1/4 Vanilleschote
6 Eigelbe, 100 g Zucker

Die noch heiße Vanillemilch nach und nach mit einem Schöpflöffel zu der Eigelb-Zucker-Masse gießen, dabei ständig rühren.

Die Creme in einen Topf umfüllen. Unter ständigem Rühren vorsichtig erhitzen und die Creme »bis zur Rose abziehen«.

Englische Creme zubereiten:

Die Eigelbe mit dem Zucker in einer Rührschüssel mit dem Schneebesen zuerst leicht vermischen, dann etwas kräftiger schlagen.

Das heißt, sie so lange erhitzen, bis die Creme leicht angedickt auf dem Kochlöffel liegenbleibt. Sie darf dabei aber nicht kochen.

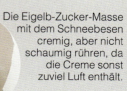

Die Eigelb-Zucker-Masse mit dem Schneebesen cremig, aber nicht schaumig rühren, da die Creme sonst zuviel Luft enthält.

Die Creme durch ein feines Sieb passieren. Falls sich doch kleine Klümpchen gebildet haben sollten, werden diese so entfernt.

KÜCHENPRAXIS

BAYERISCHE CREME

Die Bayerische Creme gehört zu vielen klassischen, international berühmt gewordenen Desserts. Bei ihr handelt es sich genaugenommen um eine Kombination von englischer Creme und geschlagener Sahne. Die nötige Stabilität erhält die Bayerische Creme durch Gelatine. Erfordert ein Dessert das Stürzen der Creme, braucht es auf 1/2 l Milch 7 Blatt Gelatine, wie unten angegeben, um ihr genügend Halt zu verleihen. Wird die Bayerische Creme in Gläsern serviert und soll sie etwas leichter und luftiger sein, reichen 5 Blatt Gelatine vollkommen aus.

| 1/2 l Milch, 1 Vanilleschote |
| 4 Eigelbe, 100 g Zucker |
| 7 Blatt Gelatine, 1/2 l Sahne, geschlagen |

Aus Milch, Vanilleschote, Eigelben und Zucker eine englische Creme herstellen und weiterverfahren, wie unten gezeigt.

Bayerische Creme zubereiten:

Die eingeweichte und ausgedrückte Gelatine unter die warme Grundcreme rühren, bis sich die Gelatine vollständig aufgelöst hat.

Die Creme durch ein Sieb in eine Schüssel auf Eiswasser passieren, dadurch werden eventuelle Klümpchen noch herausgefiltert.

Die Creme auf Eiswasser kalt rühren. Dabei keinesfalls schlagen, sondern nur rühren, denn die Creme soll nicht schaumig werden.

Wenn die Creme genügend ausgekühlt und leicht dickflüssig ist, die geschlagene Sahne mit dem Schneebesen unterziehen.

KONDITORCREME ODER CRÈME PÂTISSIÈRE

Bei der Konditorcreme oder Crème pâtissière, wie sie auch genannt wird, handelt es sich um eine vielseitig verwendbare Grundcreme. Ihre Bindung erhält sie durch Speisestärke, die zuvor mit Zucker, Eigelben und etwas Milch angerührt wird. Je nach gewünschter Konsistenz läßt man die Konditorcreme in einem Gefäß erkalten oder rührt sie nach dem Kochen kalt, wodurch sie besonders cremig gerät. Wird noch geschlagene Sahne oder Eischnee untergehoben, eignet sich die Masse ganz hervorragend als Füllcreme, etwa für Windbeutel oder dergleichen.

| 100 g Zucker, 40 g Speisestärke |
| 4 Eigelbe, 1/2 l Milch |
| 1/2 Vanilleschote |

Die Crème pâtissière zubereiten, wie in der Bildfolge unten gezeigt.

Crème pâtissière zubereiten:

Die Eigelbe mit der Hälfte des Zuckers und der Speisestärke in eine kleine Schüssel geben. 1/4 der Milch zugießen.

Alles gut verrühren. Die übrige Milch mit dem restlichen Zucker und der aufgeschlitzten Vanilleschote aufkochen.

Die angerührte Speisestärke nochmals kurz durchrühren. Dann langsam in die kochende Milch gießen und unterrühren.

Die Creme aufkochen, gleichmäßig durchrühren. Einige Male aufkochen lassen, vom Herd nehmen und mit Puderzucker besieben.

Sabayon zubereiten: Für das Sabayon 6 Eigelbe mit 200 g Zucker cremig, aber nicht schaumig rühren. Auf ein gerade unter dem Siedepunkt gehaltenes Wasserbad setzen und unter ständigem Rühren 1/4 l Weißwein zugießen. Mit dem Schneebesen schaumig schlagen, bis die Creme das Doppelte an Volumen hat. Soll das Sabayon kalt serviert werden, auf einer Schüssel mit Eiswasser kalt schlagen, seine luftige Struktur bleibt dadurch länger erhalten.

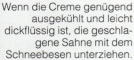
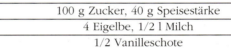

Schokolade

IDEAL FÜR DIE HERSTELLUNG DIVERSER GARNITUREN – DER EIGENEN KREATIVITÄT SIND HIER KEINE GRENZEN GESETZT.

Wichtig ist nur ihre richtige Verarbeitung. Dabei sollte man sich allerdings an die Vorgaben halten, vor allem was die Temperatur anbelangt, sonst wird das Resultat nicht entsprechend und die ganze Mühe war umsonst. Zum Verzieren von Desserts am besten geeignet ist übrigens Kuvertüre, da sie dünnflüssiger ist als Tafelware. Und egal ob Milch-, Halbitter- oder bittere Kuvertüre, zunächst wird sie geschmolzen, muß dann etwas abkühlen (auf 28 °C) und wird schließlich wieder langsam auf 32 °C erwärmt. Der Fachmann spricht in diesem Zusammenhang von »temperieren«. Dadurch verschmelzen die einzelnen Komponenten – Zucker, Kakaotrockensubstanz und Kakaobutter – wieder miteinander und ergeben die gewünschte glänzende Schokolade. Wird Kuvertüre bei einer falschen Temperatur verarbeitet, sie darf niemals über 40 °C erhitzt werden, fehlt ihr später der Glanz, sie bleibt matt und zeigt Streifen. Deshalb verwendet man am besten ein elektronisches Temperaturmeßgerät, um beim »Temperieren« die Hitze zu kontrollieren.

Kuvertüre aufstreichen:

Die temperierte Kuvertüre auf Backpapier oder Folie möglichst dünn aufstreichen. Das Papier anheben und auf die Arbeitsfläche fallen lassen, so wird die Oberfläche noch glatter.

Kurz vor dem Erstarren mit einem angewärmten Messer in Rechtecke von 15 x 20 cm teilen. So wird ein Aufwölben der Schokoladenmasse beim vollständigen Erstarren vermieden.

Die Platte auf ein zweites Papier stürzen und das andere abziehen. Zum Ausstechen oder Ausschneiden von Dekoteilen kann man die glänzende oder die matte Seite verwenden.

Kuvertüre temperieren:

Die Schokolade (Kuvertüre) zerkleinern. Dafür den Block hochkant stellen und mit einem sehr stabilen Messer am Rand entlangschneiden.

Die Hälfte der Stücke im 40 °C warmen Wasserbad schmelzen. Vom Wasserbad nehmen. Den Rest der Kuvertüre einrühren, bis alles geschmolzen ist.

Nach dem Abkühlen die Schokolade auf dem Wasserbad langsam wieder auf 32 °C erwärmen, dabei am besten in Etappen arbeiten.

Schokoladenblätter herstellen:

Das Blatt über die Oberfläche der temperierten Kuvertüre ziehen. Es eignen sich dafür aber nur glatte Blätter (Orangen- oder Lorbeerblätter).

Vor dem Ablösen der Blätter muß die Kuvertüre vollständig erstarrt sein. Jedes Blatt am besten am Stiel anfassen und vorsichtig abziehen.

KÜCHENPRAXIS

Flach aufgestrichen, lassen sich aus Kuvertüre beliebige Formen ausstechen. Werden statt dessen dünne Linien aus Schokolade benötigt, etwa für Blumen, ein Schokoladengitter oder ähnliches, spritzt man diese mit einer Tüte in der gewünschten Form auf. Die Tüten dafür kann man aus Pergamentpapier leicht selbst herstellen.

Für filigrane Garnituren aus dünnen Fäden ist es notwendig, die Kuvertüre mit wenigen Tropfen Wasser oder etwas Läuterzucker zu »verdicken«. Denn die Schokoladen-Glasur muß dafür von besonders zäher Konsistenz sein, um beim Spritzen nicht abzureißen. Die Tüte dabei 1 bis 2 cm über dem Papier halten, bei dieser Distanz reißt der Schokoladenfaden am wenigsten. Raffiniert mit einem Linienmuster dekorieren kann man die verschiedensten Saucen und Glasuren. Dafür wird mit einer Spritztüte eine Spirale aus andersfarbiger Schokoladen- oder Zuckerglasur auf den Saucengrund gespritzt und diese dann je nach gewünschtem Muster verzogen.

Papiertüte herstellen:

Aus einem Pergamentpapierdreieck mit Daumen und Zeigefinger der linken Hand die Mitte der Längsseite fassen und mit der rechten Hand das Papier nach vorn eindrehen.

Dabei mit der linken Hand das Papier unterhalb der Spitze festhalten und mit dem rechten Daumen das Papier in Richtung Spitze vorschieben. Das Papier ganz aufrollen.

Die Spitze der Tüte muß völlig geschlossen sein. Das oben überstehende Ende nach innen falten und damit die Form der Tüte fixieren.

Die Schokoladen-Spritzglasur in die Tüte einfüllen. Dabei grundsätzlich darauf achten, daß die Ränder der Tüte möglichst vollkommen sauber bleiben.

Beim Zusammenfalten der Tüte muß die Naht festgehalten werden. Die Luft aus der Tüte drücken. Die Enden von außen nach innen zusammenfalten.

Mit einer scharfen Schere die Spitze der Tüte abschneiden. Die Größe der Öffnung bestimmt dann die Stärke des Spritzfadens oder der Tupfen aus Schokolade.

Blumen aus Schokolade:

Die kleinen kompakten Blumen werden aus dickflüssiger Kuvertüre gespritzt, mit einem entsprechend großen Loch in der Tüte.

Die filigranen Blüten werden vorgezeichnet und auf darübergelegtes transparentes Backpapier oder auf Klarsichtfolie gespritzt.

Saucen verziehen:

Auf die rote Fruchtsauce mit einer Pergamentspritztüte eine Spirale aus weißem Fondant aufspritzen.

Mit dem Messer oder der Palette abwechselnd vom Zentrum nach außen und von außen nach innen verziehen.

Nach jedem Zug die Klinge oder die Palette abwischen, da der anhaftende Rest die Gleichmäßigkeit der Linien beeinträchtigen würde.

Dekorationen aus Eiweißspritzglasur:
Für die Glasur 160 g gesiebten Puderzucker mit 1 Eiweiß und 2 TL Limettensaft glattrühren, bis sie seidig glänzt. Formen aus Eiweißspritzglasur müssen über Nacht antrocknen, damit man sie ohne die Formen zu zerbrechen vom Papier lösen kann. Zusätzlich können sie mit etwas verdünnter Glasur farbig ausgefüllt werden.

PORTUGAL

Schokoladenröllchen herstellen: Geschmolzene Kuvertüre mit einer Palette dünn auf einer Marmorplatte verstreichen, bis sie geschmeidig weich ist und die Oberfläche matt wird. Mit einem Spachtel im flachen Winkel ansetzen und die Kuvertüre von der Marmorplatte schaben. Weil sich Kuvertüre nur kurze Zeit zu Röllchen verarbeiten läßt, am besten nur kleine Flächen aufstreichen und darauf achten, daß sowohl der Arbeitsraum wie die Marmorplatte etwas temperiert sind.

Geeiste Portweincreme

MIT FRUCHTIGEN MELONENKUGELN – EIN KÜHLES DESSERT AUS EUROPAS SONNIGEM SÜDEN.

Wenn's um Portwein geht, sind die portugiesischen Behörden streng. Kein Hektar Rebfläche in der »região demarcada douro«, der nicht genau vom Instituto de vinho do porto klassifiziert wäre. Nach einem genauen Schlüssel wird festgelegt, wieviel Prozent der Ernte einer bestimmten Fläche zu Portwein ausgebaut werden darf. Der Rest wird zu normalem Rotwein gekeltert. Portwein gibt es in zwei vollkommen unterschiedlichen Qualitäten: »Wood ports« reifen lange im Holzfaß und werden erst in Flaschen abgefüllt, wenn sie trinkfertig sind. Dann sollte man sie relativ schnell verbrauchen, denn, einmal in der Flasche, halten sie höchstens noch zwei Jahre. Ganz anders dagegen die »vintage ports«, die zunächst zwei Jahre im Faß verbleiben, dann aber noch mindestens 15 weitere Jahre Flaschenreifung benötigen. Da sie ungefiltert abgefüllt werden, müssen »vintage ports« nach dem Öffnen dekantiert werden. Für dieses Rezept braucht es jedoch kein 20jähriger Portwein oder eine noch ältere Rarität zu sein, ein guter »wood port«, etwa ein jüngerer »Tawny« oder ein sechs- bis siebenjähriger »vintage character« wäre genau das Richtige.

Für die Portweincreme:
4 Eigelbe, 50 g Zucker
70 ml roter Portwein, 70 ml Sahne
Für die Melonenkugeln:
1 Honigmelone (Honey Dew, etwa 800 g)
6 cl roter Portwein, 3 cl Limettensaft, 60 g Zucker
Außerdem:
50 g Schokoladenröllchen, Puderzucker zum Besieben
Kerne von 1 Granatapfel
einige Blättchen Honigmelonensalbei zum Garnieren

1. Für die Portweincreme die Eigelbe mit dem Zucker cremig rühren. Die Schüssel auf ein Wasserbad stellen, den Portwein zugießen und die Masse mit dem Schneebesen schaumig schlagen, bis sie das Doppelte ihres Volumens erreicht hat. Die Schüssel aus dem Wasserbad nehmen, in ein mit Eiswasser gefülltes Gefäß stellen und die Creme kalt schlagen. Die Sahne steif schlagen und unter die Portweincreme heben. Die Creme in Förmchen von je 150 ml Inhalt füllen und in den Gefrierschrank stellen.

2. Die Melone halbieren und mit einem Löffel die Kerne entfernen. Aus dem Fruchtfleisch mit dem Kugelausstecher Kugeln ausstechen. Das restliche Melonenfleisch mit einem Löffel aus der Schale lösen und zusammen mit dem Portwein, dem Limettensaft und dem Zucker im Mixer fein pürieren. Die Sauce durch ein feines Sieb passieren und kalt stellen.

3. Die Förmchen mit der gefrorenen Portweincreme aus dem Gefrierschrank nehmen, kurz in heißes Wasser tauchen und den Inhalt auf gut gekühlte Teller stürzen. Mit Schokoladenröllchen bestreuen und mit Puderzucker besieben. Die Melonenkugeln mit den Granatapfelkernen neben der geeisten Portweincreme anrichten, mit der pürierten Sauce beträufeln und mit dem Honigmelonensalbei garnieren.

Cremig-fruchtiger Genuß an heißen Sommertagen. Die dekorativen Schokoröllchen lassen sich übrigens ganz leicht selbst herstellen: Dafür braucht es lediglich eine Marmorplatte, einen Spachtel und geschmolzene Kuvertüre.

Mandel-Orangen-Törtchen

ARABISCH INSPIRIERT UND DOCH TYPISCH SPANISCH: SCHOKOLADE UND ORANGEN.

Schokolade, bei diesem Rezept steckt sie im Teig, kam schon vor Jahrhunderten mit Kolumbus & Co. aus der Neuen Welt nach Spanien. Und Orangen – die sind heute als wichtiger Ausfuhrartikel fast zum Synonym für Spanien geworden, obwohl sie dort noch gar nicht so lange in großem Maßstab angebaut werden. Die ersten Plantagen entstanden gegen Ende des 18. Jahrhunderts in der Nähe von Valencia.

Ob orientalische Ornamente oder ein selbstentworfenes Muster – die Törtchen lassen sich mit Hilfe einer Schablone oder eines Gitters sehr wirkungsvoll mit Puderzucker verzieren.

Überstehende Teigränder mit einem scharfen Messer abschneiden, den Teigboden mit einer Gabel mehrmals einstechen. Die Form mit einem entsprechend zurechtgeschnittenen Backpapier auskleiden und die Linsen einfüllen.

Für 6 Portionen
Für den Schokoladenmürbteig:
140 g Mehl, 100 g Butter, in Stücken
60 g Puderzucker, 25 g Kakaopulver
1 Eigelb, 1 Messerspitze Salz
Für die Füllung:
75 g Bitterorangenkonfitüre, 2 Eier
100 g ungeschälte Mandeln, gemahlen
1/2 TL Backpulver, 90 g Zucker, 50 ml Sahne
Außerdem:
6 Tortelettförmchen
Backpapier und Linsen zum Blindbacken
Puderzucker zum Besieben
9 Mandeln, geschält und halbiert, 1 TL Puderzucker

1. Für den Teig das Mehl auf eine Arbeitsfläche häufen. In die Mitte eine Mulde drücken und Butter, Puderzucker, Kakaopulver, Eigelb

SPANIEN

und Salz hineingeben. Die Zutaten mit einer Gabel vermischen, dabei etwas Mehl einarbeiten. Mit einer Palette oder einem großen Messer das Mehl von außen zur Mitte schieben, dabei die Zutaten grob vermengen und zu feinen Krümeln hacken. Erst jetzt mit den Händen rasch zu einem glatten Teig verkneten. Zur Kugel formen und, in Folie gehüllt, 1 Stunde kühl ruhen lassen.

2. Den Mürbteig auf einer bemehlten Arbeitsfläche dünn ausrollen und die Förmchen damit auslegen. Den Teigrand jeweils mit den Fingern oder einer Teigkugel andrücken und weiterverfahren, wie in der Bildfolge links gezeigt. Die Tortelettböden bei 180 °C etwa 15 Minuten im vorgeheizten Ofen »blindbacken«. Herausnehmen und das Backpapier sowie die Linsen entfernen.

3. Für die Füllung die Bitterorangenkonfitüre mit den Eiern in einer Schüssel verrühren. Die gemahlenen Mandeln, das Backpulver, den Zucker und die Sahne unterrühren. Die Füllung gleichmäßig in die vorgebackenen Förmchen verteilen und bei 180 °C im vorgeheizten Ofen etwa 20 Minuten backen. Nach der Hälfte der Backzeit die Förmchen mit Pergamentpapier abdecken, damit sie nicht zu dunkel werden.

4. Die Mandel-Orangen-Törtchen aus dem Ofen nehmen, etwa 5 Minuten abkühlen lassen, vorsichtig aus den Förmchen nehmen und durch ein Gitter oder eine Schablone mit Puderzucker besieben. Die Mandelhälften mit dem Puderzucker vermischen, in einem Pfännchen karamelisieren lassen und die Törtchen damit garnieren.

SPANIEN

In Spanien wie in vielen anderen Ländern werden Erdbeeren außerhalb der Saison in Gewächshäusern angebaut. Somit ist der Markt stets mit frischen Erdbeeren versorgt, was allerdings seinen Preis hat.

Gratinierte Erdbeeren

DAS GRATIN GIBT DEN FRÜCHTEN DIE GEWÜNSCHTE SÜSSE: ZUDEM LASSEN SIE SICH DEKORATIV AUFTISCHEN.

Es müssen aber nicht unbedingt Erdbeeren sein, denn die heutzutage fast das ganze Jahr hindurch zur Verfügung stehende Frucht-Palette reicht von heimischen bis zu exotischen Sorten: gemischt ergeben die Früchte zusätzlich eine fröhliche, bunte Note. Die Fruchtsauce muß natürlich in dem Fall entsprechend angepaßt werden.

Für das Vanilleeis:
4 Eigelbe, 100 g Zucker, 1/4 l Milch, 1/8 l Sahne
1/2 Vanilleschote, längs aufgeschnitten
Für die Erdbeersauce:
250 g reife Erdbeeren, 60 g Zucker, 6 cl Wasser
Abgeriebenes von 1 unbehandelten Orange
2 cl brauner Rum
Für das Gratin:
550 g Erdbeeren
1/2 l Milch, 150 g Zucker
1 Vanilleschote, längs aufgeschnitten, 8 Eigelbe
60 g Mehl, 4 Eiweiße, 100 g Sahne
Außerdem:
Puderzucker zum Besieben

Frische, vollreife Früchte – im heißen Ofen kurz gratiniert, ein leicht verträgliches Dessert, das im Sommer wie auch im Winter gut ankommt.

1. Für das Vanilleeis die Eigelbe mit dem Zucker in einer Schüssel cremig, aber nicht schaumig rühren. Die Milch mit der Sahne und der aufgeschlitzten Vanilleschote in einer Kasserolle aufkochen. Die Vanilleschote entfernen und dabei das noch anhaftende Mark in die Milch streifen. Diese erneut aufkochen und unter Rühren zur Eigelbmasse geben. In eine Kasserolle gießen, auf den Herd stellen und bei geringer Hitze ständig mit einem Holzspatel rühren, bis die Creme beginnt, dickflüssig zu werden. Sie darf jedoch keinesfalls kochen. Durch ein feines Sieb gießen. Auf Eiswasser stellen und abkühlen lassen, dabei ab und zu umrühren. Die kalte Creme in die Eismaschine schütten und frieren – je nach Belieben cremiger oder fester. Je länger die Masse in der Eismaschine verbleibt, desto fester wird das Eis.

SPANIEN

2. Für die Sauce die Erdbeeren putzen, waschen, im Mixer pürieren und durch ein Sieb streichen. Den Zucker mit dem Wasser zum Kochen bringen, die abgeriebene Orangenschale zufügen, etwa 2 Minuten einkochen lassen und den Rum zusetzen. Erkalten lassen und mit dem Erdbeerpüree verrühren.

3. Die Erdbeeren für das Gratin kurz waschen, gut abtropfen lassen – die Blättchen abzupfen – halbieren und sternförmig auf Teller verteilen.

4. Für das Gratin die Milch mit der Hälfte des Zuckers und der aufgeschlitzten Vanilleschote in einer Kasserolle aufkochen. Die Schote entfernen, das noch anhaftende Mark in die Milch zurückstreifen. Die Eigelbe mit dem Mehl und 1 bis 2 EL der heißen Milch glattrühren. In die heiße Milch gießen und diese unter kräftigem Rühren etwa 1 Minute durchkochen. Vom Herd nehmen und abkühlen lassen, dabei gelegentlich umrühren. Die Eiweiße mit dem restlichen Zucker zu steifem Schnee schlagen und unter die Creme ziehen. Die geschlagene Sahne unterheben.

5. Die Vanillecreme über die Erdbeeren verteilen und mit dem Puderzucker besieben. Bei 200 °C im vorgeheizten Ofen backen, bis die Oberfläche zu bräunen beginnt.

6. Das Erdbeergratin aus dem Ofen nehmen, jeweils eine Kugel Vanilleeis dazugeben, mit der Erdbeersauce übergießen, mit Minzeblättern garnieren und sofort servieren.

Creme-Krapfen

MIT ORANGENSIRUP SÜSS ÜBERZOGEN, MIT VANILLECREME GEFÜLLT – DAZU EIN LÖFFEL SÄUERLICHES KIRSCHKOMPOTT.

Desserts aus Brandteig kennt man in den unterschiedlichsten Versionen in ganz Europa. In Spanien werden die knusprigen, gefüllten Krapfen zudem mit Orangensirup überzogen, und wer will, dekoriert sie mit Orangenblättern.

Für den Brandteig:
1/8 l Wasser, 25 g Butter
20 g Zucker, 1 Prise Salz
abgeriebene Schale von 1/2 unbehandelten Zitrone
25 g Speisestärke, 90 g Mehl, 2 Eier
Für die Füllcreme:
80 g Zucker, 10 g Speisestärke
1 Eigelb, 1/8 l Milch, 1/4 Vanilleschote
Puderzucker zum Besieben, 200 ml Sahne
Für die Sauce:
120 ml Orangensaft, 175 g brauner Zucker
abgeriebene Schale von 1/2 unbehandelten Orange
Für das Sauerkirschkompott:
250 g Sauerkirschen, 80 ml Rotwein
50 ml Orangensaft, 20 ml Zitronensaft
80 g Zucker, 1 TL Speisestärke
Außerdem:
Pflanzenöl zum Ausbacken

1. Für den Brandteig Wasser, Butter, Zucker, Salz und Zitronenschale in einer Kasserolle unter ständigem Rühren aufkochen lassen. Die Speisestärke und das Mehl sieben, auf einmal unter Rühren in die kochende Flüssigkeit schütten. Ständig weiterrühren, bis sich die Masse als Kloß vom Boden löst (abbrennt) und eine weiße Haut den Topfboden überzieht. Die Masse in eine Schüssel umfüllen, etwas abkühlen lassen. 1 Ei unterrühren, bis es sich völlig mit der Masse verbunden hat. Dann erst das 2. Ei einarbeiten. Das Öl in einem Topf oder in der Friteuse auf 180 °C erhitzen. Den Teig teelöffelweise abstechen, zu Krapfen formen und im heißen Fett goldbraun ausbacken. Mit einem Schaumlöffel herausheben und die Krapfen auf Küchenpapier gut abtropfen lassen.

2. Für die Füllcreme in einer Schüssel 15 g Zucker mit der Speisestärke, dem Eigelb und etwa 1/4 der Milch mit dem Schneebesen glattrühren. Die restliche Milch mit 15 g Zucker und der aufgeschlitzten Vanilleschote zum Kochen bringen. Die angerührte Speisestärke nochmals durchrühren und die kochende Milch damit binden. Unter ständigem Rühren mehrmals aufkochen lassen. Vom Herd nehmen, mit Puderzucker besieben und die Creme erkalten lassen.

3. Die Creme durch ein Sieb passieren. Die Sahne mit dem restlichen Zucker steif schlagen und mit dem Schneebesen unter die Creme ziehen.

4. Für die Sauce den durchgeseihten Orangensaft aufkochen und den Zucker darin auflösen. Die abgeriebene Orangenschale zufügen und bei geringer Hitze 10 bis 15 Minuten köcheln. Etwas abkühlen lassen.

5. Für das Kompott die Sauerkirschen waschen und entsteinen. Den Rotwein in einem Topf mit dem durchgeseihten Orangen- und Zitronensaft sowie dem Zucker aufkochen. Die Kirschen 4 bis 5 Minuten darin köcheln lassen und mit der in wenig Wasser angerührten Speisestärke binden.

6. Die Creme in einen Spritzbeutel mit Lochtülle Nr. 2 füllen und die Brandteigbällchen damit füllen. Auf Tellern anrichten, mit der Sauce begießen und das Kompott dazu reichen.

SPANIEN

Die Birnen in den reduzierten Rotwein legen. Zimtrinde, Nelken, Pimentkörner, Zitronenscheiben und den Rosmarinzweig einlegen. Alles zum Kochen bringen, die Hitze reduzieren und 15 Minuten köcheln lassen.

Birnen in rotem Rioja

DAS FEINE AROMA REIFER BIRNEN HARMONIERT AUFS BESTE MIT DER ELEGANTEN HERBE DES ROTWEINS.

Je besser die Qualität der Birnen und des Weins, desto ausgeprägter schmeckt dieses Dessert. Deshalb sollte man unbedingt zu einem guten Rioja greifen. Die hochgelegene Lage von Rioja Alta bringt die fruchtigsten Weine hervor, die von Rioja Alvesa sind etwas kräftiger im Geschmack.

Für die Rotweinbirnen:
2 Flaschen Rotwein (Rioja), je 0,75 l
280 g Zucker
8 Birnen (je etwa 100 g), zum Beispiel Santa Maria
etwa 5 cm Zimtrinde
2 Nelken, 2 Pimentkörner
2 Scheiben von 1 unbehandelten Zitrone
1 Zweig Rosmarin
Für die Churros:
1/2 l Wasser, 1 Prise Salz
1/2 Döschen Safran, 300 g Mehl
Außerdem:
Olivenöl zum Frittieren
Pergamentpapier
Pflanzenfett für das Pergamentpapier
Puderzucker zum Bestauben

1. Den Wein und den Zucker in einem entsprechend großen Topf zum Kochen bringen, die Hitze reduzieren und die Flüssigkeit auf die Hälfte einkochen lassen. Den Topf vom Herd nehmen.

Zu den aromatisierten Weinbirnen passen Churros – das beliebte spanische Schmalzgebäck. Je nach Vorliebe wird es mit Puderzucker bestaubt oder in Kristallzucker gewälzt.

2. Die Birnen schälen und den Blütenansatz, nicht aber den Stiel entfernen, und weiterverfahren, wie in dem Bild links oben gezeigt. Den Topf vom Herd nehmen und die Birnen mit dem Schaumlöffel herausheben, bis zur weiteren Verwendung beiseite stellen. Gewürze entfernen und die Flüssigkeit nochmals etwas einkochen lassen.

3. Für die Churros das Wasser, das Salz und den Safran in einer Kasserolle unter ständigem Rühren einmal aufkochen lassen. Vom Herd nehmen und das Mehl auf einmal zuschütten. Mit dem Knet-

Churros gelingen ganz einfach. Nur macht es etwas Mühe, den Teig – einen Brandteig ganz ohne Eier – aus dem Spritzbeutel zu drücken. Einfacher geht dies, wenn das Mehl nur unter das kochende Wasser gerührt und der Teig nicht abgebrannt wird.

SPANIEN

haken des Handrührgeräts so lange kneten, bis der Teig dick wird und sich vom Topfboden löst. 10 Minuten abkühlen lassen.

4. Zum Fritieren das Öl in einem Topf auf 180 °C erhitzen. Ein Pergamentpapier ausschneiden (etwas größer als der Topfdurchmesser), fetten und im Kühlschrank erstarren lassen. Den Teig in einen Spritzbeutel mit Sterntülle Nr. 9 füllen und in genügend großem Abstand offene Kringel auf das kalte Papier spritzen. Dieses anheben, umdrehen und in das heiße Fett legen, es läßt sich dann mühelos abziehen. Die Churros etwa 3 Minuten im geschlossenen Topf ausbacken, den Deckel abheben, die Churros wenden und von der anderen Seite goldgelb backen. Mit dem Schaumlöffel vorsichtig herausheben und auf Küchenpapier abtropfen lassen. Auf diese Weise den gesamten Teig verbacken.

5. Die Birnen mit dem Rotweinsud anrichten und die gezuckerten Churros zu den Birnen reichen.

SPANIEN

Orangen müssen Stück für Stück vorsichtig von Hand geerntet werden, denn die unversehrte Schale ist ein wichtiges Qualitätsmerkmal.

Flan de naranja

MIT ORANGENSAFT STATT MILCH ZUBEREITET – DER SPANISCHE VERWANDTE DER CREME CARAMEL.

Die Lust der Spanier auf Süßes hat eine lange Tradition. Speiseeis etwa kennt man dort schon über 1000 Jahre. Unverkennbar auch die arabischen Einflüsse, die zu der Vielzahl spanischer Süßigkeiten beigetragen haben. Mit den großen Seefahrern und Entdeckern kam der Zucker ins Land, der rasch zu großer Beliebtheit gelangte und vor allem in karamelisierter Form vielen spanischen Desserts den typischen Geschmack gibt. So haben denn auch die »postres«, die Desserts, einen festen Platz in der spanischen Küche und gehören zu einem gelungenen Menü. Die Vielfalt ist groß: Kühle Cremes, Milchreis, verschiedene Puddings und Eis in allen Variationen. Im Norden Spaniens sind Nachspeisen aus Milch, Sahne oder Quark sehr beliebt, während im Süden Früchte eine wesentliche Rolle spielen. Das spanische Dessert schlechthin und beinahe so was wie ein Nationalgericht ist jedoch der »flan«, eine Art Karamelcreme, der besonders leicht und köstlich schmeckt, wenn er wie hier, in der Version aus Valencia, mit Orangensaft zubereitet wird.

4 Orangen (insgesamt etwa 800 g)
5 Eigelbe, 80 g Zucker, 100 ml Orangensaft
2 cl Orangenlikör (zum Beispiel Grand Marnier)
abgeriebene Schale 1 unbehandelten Orange
100 ml Sahne

Die Orangen senkrecht auf eine Arbeitsfläche stellen und die Schale mit einem kleinen, scharfen Messer von oben nach unten abschneiden. Die Segmente zwischen den Trennhäuten einschneiden und die Filets auslösen. Die Filets von jeweils einer Orange auf dem Boden eines Förmchens verteilen. So nacheinander alle Förmchen auslegen. Die Eier-Orangen-Creme auf die Orangenfilets in die Förmchen einfüllen.

SPANIEN

Außerdem:
4 feuerfeste Förmchen von je etwa 200 ml Inhalt
Puderzucker zum Besieben

Die Orangenfilets auslösen. Dafür von den Orangen oben und unten einen Deckel abschneiden und weiterverfahren, wie in den ersten beiden Bildern links gezeigt. Für den Flan Eigelbe und Zucker mit dem Schneebesen in einer Schüssel cremig rühren. Den Orangensaft und den Likör einrühren. Die Schüssel auf ein Wasserbad setzen, das Wasser darf aber nicht mehr kochen, sondern muß knapp unter dem Siedepunkt gehalten werden. Die Creme mit dem Schneebesen schaumig schlagen, bis sie das Doppelte ihres Volumens erreicht hat. Die Schüssel aus dem Wasserbad nehmen und in eine größere Schüssel mit Eiswasser stellen, der Garprozeß wird dadurch abrupt unterbrochen. Die Orangenschale einrühren und die Creme kalt schlagen. Die Sahne steif schlagen und vorsichtig unterheben. Die Creme mit einer Schöpfkelle in die Förmchen gießen, wie im dritten Bild links gezeigt. Die Oberfläche mit Puderzucker besieben. Unter dem vorgeheizten Grill 2 bis 3 Minuten goldbraun überbacken. Herausnehmen und heiß servieren.

Süß und vollreif müssen die Orangen für dieses Dessert sein, damit der Saft, der hier eine wichtige Rolle spielt, nicht nur Säure, sondern den vollen Geschmack hat.

Für die Verzierungen zunächst ein Backblech mit Butter einfetten und mit Mehl bestauben. Mit einem Ausstechring Kreise von 10 cm Durchmesser aufdrücken. Die Spitze der Pergamenttüte abschneiden und Blumen oder andere Muster aufspritzen, dabei darauf achten, daß der »Faden« nicht abreißt.

Crème au cognac

FEINSTE EIERCREME, MIT COGNAC AROMATISIERT – EIN GENUSS, DER AUF DER ZUNGE ZERGEHT.

Anders als die berühmte Crème caramel serviert man dieses verführerische Dessert direkt in der Form. Grund dafür ist der geringe Eiweißanteil, der bewirkt, daß die Creme besonders zart und schmelzend wird und sich deshalb nicht stürzen läßt. Geschmacklich perfekt ergänzt wird die Creme durch ein säuerliches Kirschkompott.

Für die Creme:
3/8 l Milch, 1/8 l Sahne, 1/2 Vanilleschote
1 Ei, 3 Eigelbe, 90 g Zucker, 4 cl Cognac
Für das Sauerkirschkompott:
500 g Sauerkirschen
2 TL Speisestärke, 100 ml Wasser
150 g Zucker, 1 Stück Zimtrinde (etwa 5 cm)
Für die Brandteiggarnitur:
1/8 l Milch, 30 g Butter
1 Prise Salz, 60 g gesiebtes Mehl, 2 Eier
Außerdem:
1 Souffléform von 1/2 l Inhalt
Butter für das Blech
Mehl zum Bestauben
Pergamentpapier für die Tüte
50 ml Sahne, geschlagen, zum Garnieren

Die zarten Blüten aus Brandteig ziehen die Blicke auf sich, doch verlangen die filigranen Gebilde nach vorsichtigem Umgang. Damit sie etwas stabiler werden, kommen sie zweimal in den Ofen. Durch das Abkühlen zwischendurch festigt sich der Teig. Übrige Exemplare lassen sich übrigens gut trocken aufbewahren.

1. Für die Creme die Milch mit der Sahne und der aufgeschlitzten Vanilleschote aufkochen. Das Ei und die Eigelbe mit dem Zucker in einer Schüssel verrühren, aber keinesfalls schaumig schlagen. Die heiße Milch langsam unterrühren. Den Cognac untermischen. Die Eiermilch durch ein feines Sieb in die Souffléform passieren.

2. Den Ofen auf 150 °C vorheizen. Die Form in ein 80 °C warmes Wasserbad stellen, das Wasser sollte bis etwa 1 cm unter den Rand der Form reichen. Die Creme in dem auf 120 °C herabgeschalteten Ofen etwa 45 Minuten garen, dabei darauf achten, daß das Wasser immer unter dem Siedepunkt bleibt. Die Form aus dem Ofen nehmen und die Creme abkühlen lassen.

3. Für das Kompott die Kirschen waschen und entsteinen. Die Speisestärke mit etwas Wasser

FRANKREICH

anrühren. Das restliche Wasser in einer Kasserolle mit dem Zucker und der Zimtrinde aufkochen und mit der angerührten Speisestärke binden. Die Kirschen darin 3 bis 4 Minuten leise kochen. Die Zimtrinde entfernen und abkühlen lassen.

4. Für den Brandteig die Milch mit der Butter und dem Salz unter ständigem Rühren aufkochen. Das gesiebte Mehl auf einmal zuschütten, dabei bei mittlerer Hitze kräftig weiterrühren, bis sich die Masse als Kloß vom Topf löst und eine weiße Haut den Boden überzieht. Die Masse in eine Schüssel füllen, kurz auskühlen lassen und 1 Ei unterrühren, bis es sich vollständig mit der Masse

verbunden hat. Erst dann das zweite Ei unterrühren und vollständig einarbeiten. Aus dem Pergamentpapier eine Tüte drehen und den Teig einfüllen. Weiterverfahren, wie links oben gezeigt. Die Brandteiggarnituren bei 200 °C im vorgeheizten Ofen 3 Minuten backen. Herausnehmen, etwas abkühlen lassen und erneut für wenige Minuten backen, bis sie leicht gebräunt sind. Vom Blech nehmen und auskühlen lassen.

5. Die Creme mit einer Sahnerosette und einer Brandteigblume garnieren und mit dem Sauerkirschkompott servieren. Nach Belieben Kirschwasserpralinen dazu reichen.

FRANKREICH

Die Birnenhälften längs im Abstand von 3 mm bis etwa 1 cm vor den Stielansatz einschneiden. Mit einem Messer etwas flachdrücken, so daß ein Fächer entsteht.

Birnen-Creme-Tarte

EINE FRANZÖSISCHE KREATION AUS DER ZEIT DER BELLE EPOQUE: MÜRBTEIGKUCHEN, GEFÜLLT MIT FRANGIPANECREME.

»Poires Bourdaloue« heißt dieses Dessert in Frankreich. Seinen Namen verdankt es der »Rue Bourdaloue«, einer Straße in Paris, an der jener Konditor sein Geschäft hatte, der diese Spezialität erfand. Ursprünglich mit Grieß zubereitet, wurde die Rezeptur im Lauf der Jahre bis zu seiner heutigen Raffinesse immer weiter verfeinert.

Für 8 Portionen
Für den Mürbteig:
200 g Mehl, 100 g Butter, grob gewürfelt
80 g Puderzucker, 1 Ei, 1 Messerspitze Salz
Für die Cremefüllung:
50 g Zucker, 40 g Speisestärke, 2 Eigelbe, 1/4 l Milch
1/4 Vanilleschote, Puderzucker zum Besieben
80 g Butter, 50 g Marzipanrohmasse
100 g geschälte, gemahlene Mandeln
125 g Puderzucker, 2 Eier, 2 cl Rum
Außerdem:
2 Quicheformen von etwa 20 cm Durchmesser
Backpapier und Hülsenfrüchte zum Blindbacken
4 mittelgroße Birnen, 1/2 l Wasser, Saft von 1 Zitrone
50 g zerbröselte Makronen, 4 EL Aprikotur
2 EL Preiselbeerkompott

1. Aus den angegebenen Zutaten einen Mürbteig herstellen. Dabei rasch arbeiten, damit er nicht zu warm wird. In Folie gewickelt, etwa 1 Stunde im Kühlschrank ruhen lassen.

2. Den Teig auf einer bemehlten Arbeitsfläche dünn ausrollen. Die Formen damit auslegen, Teigränder andrücken, überstehenden Teig abschneiden. Den Teigboden mit einer Gabel einstechen, Backpapier einlegen und Hülsenfrüchte einfüllen. Bei 180 °C im vorgeheizten Ofen etwa 10 Minuten »blindbacken«. Herausnehmen, Papier und Hülsenfrüchte entfernen.

3. Für die Creme die Hälfte des Zuckers mit 20 g Speisestärke, den Eigelben und 50 ml Milch mit dem Schneebesen kräftig verrühren. Die restliche Milch in einem Topf mit dem übrigen Zucker und der aufgeschlitzten Vanilleschote aufkochen. Die angerührte Speisestärke nochmals durchrühren, langsam in die kochende Milch gießen und unterrühren. Die Creme aufkochen, dabei gleichmäßig mit dem Schneebesen durchrühren. Die Schote entfernen. Die Creme in eine Schüssel füllen, die Oberfläche mit Puderzucker besieben und erkalten lassen. Butter und Marzipan cremig rühren. Mandeln, Puderzucker und Eier untermischen, restliche Speisestärke und Rum einrühren. Die kalte Creme durch ein Sieb streichen und nach und nach unter ständigem Rühren einarbeiten.

4. Die Birnen schälen, halbieren und das Kerngehäuse entfernen. Das Wasser mit dem Zitronensaft aufkochen, die Birnenhälften einlegen und 4 Minuten köcheln. Herausheben und abtropfen lassen. Weiterverfahren, wie links oben gezeigt.

5. Die zerbröselten Makronen auf die vorgebackenen Böden streuen. Die Creme darauf verteilen. Je 4 Birnenfächer daraufsetzen. Bei 180 °C im vorgeheizten Ofen etwa 40 Minuten backen.

6. Die Aprikotur erhitzen, die Kuchen noch heiß damit bestreichen. Etwas abkühlen lassen und aus den Formen nehmen. Jeweils in die Mitte 1 Eßlöffel Preiselbeerkompott geben, in 4 Stücke schneiden und servieren.

Aromatische Winterbirnen eignen sich ebenso gut wie Williams Christ oder andere Spätsommersorten. Nur zu reif sollten sie nicht sein, da sie sonst zerfallen.

Obstsalat mit Orangensauce

EIN KÜHLES, FRISCHES DESSERT: DAS I-TÜPFELCHEN NACH EINER ÜPPIGEN MAHLZEIT.

Die verschiedensten Früchte können nach Herzenslust gemischt werden. Ob heimische oder Exoten, kombinieren kann man, wie man will.

Für den Obstsalat:
6 frische, reife Feigen, 200 g Erdbeeren
200 g blaue und weiße Trauben, 1 Orange (160 g)
1 Apfel (150 g), in Viertel
1 TL Zitronen- oder Orangensaft, 4 EL Zucker
4 cl Orangenlikör
Für die Orangensauce:
200 ml frisch gepreßter Orangensaft
Schale 1 unbehandelten Orange, in feinen Streifen
100 g brauner Zucker, 4 cl Cognac
Außerdem:
1/8 l Sahne, 2 Päckchen Bourbon-Vanillezucker
30 g Walnußkerne, halbiert, Minzeblättchen

FRANKREICH

Zu Obstsalat paßt eine ganze Reihe von Saucen. Neben den traditionellen Varianten wie einer klassischen Vanille- oder Schokoladensauce machen sich leichte Fruchtsaucen sehr gut. Wer experimentierfreudig ist, dem sind hier keine Grenzen gesetzt, denn Fruchtaromen harmonieren meist gut miteinander.

1. Alle Früchte waschen und auf Küchenpapier abtropfen lassen. Die Feigen zerteilen. Dafür am spitzen Ende festhalten, einen flachen Deckel vom anderen Ende abschneiden und die Frucht längs vierteln. Die Feigen schälen, indem man mit dem Messer vom spitzen Ende her innen direkt an der Schale entlangfährt.

2. Die Erdbeeren waschen und putzen. Kleine Früchte halbieren, große vierteln. Die Trauben nach Belieben häuten. Die Orangenfilets auslösen, dafür von der Frucht oben und unten eine Kappe abschneiden, die Orange auf der Arbeitsfläche festhalten und die Schale mit einem kleinen, scharfen Messer von oben nach unten in Segmenten abschneiden. Zwischen den Trennwänden einschneiden und die Filets auslösen. Die Apfelviertel dünn spalten.

3. Alle Früchte in einer Schale vermengen, mit Zitronen- oder Orangensaft und Likör beträufeln und mit Zucker bestreuen. Zugedeckt bei Zimmertemperatur etwa 15 Minuten ziehen lassen.

4. Für die Sauce den Orangensaft in eine Kasserolle seihen. Die Orangenschalenstreifen mit dem Zucker zum Saft geben. Etwa 8 Minuten einkochen, den Cognac einrühren und erkalten lassen.

5. Die Sahne mit dem Zucker steif schlagen. Den Obstsalat mit der Sahne auf Teller anrichten. Mit Walnüssen und Minzeblättchen garnieren.

Die Schablone auf das Blech legen und mit einer Palette die Masse aufstreichen. Überschüssigen Teig mit der hochkant gehaltenen Palette wieder abstreifen und bei 190 °C etwa 4 Minuten backen. Die Mandelblätter sofort vom Blech lösen und auf ein Rollholz legen, damit sie ihre leicht gebogene Form erhalten.

Crème caramel

DER KLASSIKER UNTER DEN FRANZÖSISCHEN DESSERTS – SERVIERT MIT FEINEN MANDELBLÄTTERN.

Crème Caramel ist für viele das Dessert par excellence, doch scheuen nicht wenige vor seiner Zubereitung zurück. Völlig unbegründet übrigens, denn sofern man sich an die Vorgaben hält und das Wasserbad richtig temperiert, kann eigentlich nichts mehr schief gehen.

Für 6 Portionen
Für die Crème caramel:
100 g Zucker, 2 cl Wasser, 1/2 l Milch
1/4 Vanilleschote, 3 Eier, 2 Eigelbe, 90 g Zucker
Für die Mandelblätter:
110 g Zucker, 60 ml Orangensaft, 30 g Mehl
60 g gemahlene Mandeln ohne Schale
60 g zerlassene Butter
abgeriebene Schale von 1 unbehandelten Orange
Außerdem:
6 Förmchen von je 150 ml Inhalt
etwas Öl zum Ausfetten der Förmchen, Backpapier

Hat sich der Zucker in der Kasserolle vollständig aufgelöst, das Wasser auf einmal zugießen, dabei ständig rühren.

Die Creme durch ein feines Sieb gießen, um Klümpchen herauszufiltern und in die vorbereiteten Förmchen füllen.

Die Förmchen leicht mit Öl ausfetten und die Karamelmasse jeweils 3 mm hoch in die Förmchen einfüllen.

Nach und nach die heiße Vanillemilch unter die Ei-Zucker-Masse rühren und die Creme etwa 1 Stunde ruhen lassen.

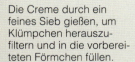

Die Förmchen in ein 80 °C heißes Wasserbad setzen, die Creme bei 150 °C im vorgeheizten Ofen 20 bis 25 Minuten stocken lassen.

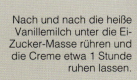

Profiteroles

LUFTIG GEFÜLLT MIT SAHNIGER VANILLECREME UND ÜBERZOGEN MIT EINER WARMEN KAFFEESAUCE.

Das aus der frühen Neuzeit stammende Wort »Profiteroles« bedeutet eigentlich »kleine Profite«. In diesem Zusammenhang steht es für einen Teig, der sehr ergiebig ist, da er beträchtlich aufgeht.

Für den Brandteig:
100 g Mehl, 1/8 l Milch, 60 g Butter, 1 Prise Salz
1/2 TL Zucker, 3 bis 4 Eier
Für die Füllcreme:
50 g Zucker, 20 g Speisestärke
2 Eigelbe, 1/4 l Milch
Mark von 1/4 Vanilleschote
Puderzucker zum Besieben
300 ml Sahne, steif geschlagen
Für die Kaffeesauce:
6 Eigelbe, 80 g Zucker, 1/2 l Milch, 2 EL Kaffeepulver
Mark von 1 Vanilleschote, 1 Prise Salz, 2 cl Kaffeelikör

Das gesiebte Mehl auf einmal zuschütten, dabei kräftig weiterrühren. Die Masse bei mittlerer Hitze ständig in Bewegung halten, das Mehl sorgt nun für die Bindung. So lange weiterrühren, bis sich die Masse als Kloß vom Topf löst und eine weiße Haut den Boden überzieht.

Die Masse in eine Schüssel umfüllen und etwas abkühlen lassen. 1 Ei unter die Masse rühren, bis es sich völlig mit dem Teig verbunden hat.

Nacheinander alle Eier einarbeiten, dabei jedes Ei gut unterrühren, bevor das nächste folgt. Der Teig soll glatt sein, glänzen und weich vom Löffel fallen.

In einen Spritzbeutel mit Sterntülle Nr. 9 füllen und die Profiteroles mit genügend Abstand auf ein gefettetes Backblech spritzen.

Das Mehl auf ein Stück Papier sieben. In einer Kasserolle Milch, Butter, Salz und Zucker unter ständigem Rühren einmal aufkochen lassen und weiterverfahren, wie gezeigt. Die Profiteroles bei 220 °C im vorgeheizten Ofen 15 bis 20 Minuten backen. Herausnehmen und auskühlen lassen. Für die Füllung die Hälfte des Zuckers mit der

FRANKREICH

Speisestärke, den Eigelben und 1/4 der Milch mit dem Schneebesen sorgfältig verrühren. Die restliche Milch mit dem verbliebenen Zucker in einem großen Topf mit dem Vanillemark zum Kochen bringen. Die angerührte Speisestärke nochmals durchrühren, langsam und gleichmäßig in die kochende Milch gießen und gut unterrühren. Die Creme aufkochen, dabei gleichmäßig mit dem Schneebesen durchrühren. Vom Herd nehmen, in eine Schüssel umfüllen, die Oberfläche der Creme mit Puderzucker besieben und erkalten lassen. Inzwischen die Kaffeesauce zubereiten. Eigelbe und Zucker mit dem Schneebesen cremig rühren. Milch mit Kaffeepulver, Vanillemark und Salz aufkochen, durch ein feines Sieb passieren und die heiße Milch nach und nach zur Eimasse gießen, dabei ständig rühren. In einen Topf umfüllen und unter ständigem Rühren vorsichtig erhitzen, bis sie auf dem Kochlöffel leicht angedickt liegenbleibt, sie darf aber keinesfalls kochen. Durchpassieren und den Likör einrühren. Die erkaltete Füllcreme durch ein Sieb streichen und die Sahne mit dem Schneebesen unterziehen. Die Profiteroles mit einem spitzen Messer auf der Unterseite leicht einstechen und die Creme mit einem Spritzbeutel mit Lochtülle Nr. 5 einfüllen. Jeweils einige Profiteroles auf Teller anrichten und mit der Kaffeesauce übergießen.

FRANKREICH

Clafoutis mit Aprikosen
EIN REZEPT, BEI DEM DER BERÜHMTE KIRSCHAUFLAUF AUS DEM LIMOUSIN PATE GESTANDEN HAT.

Der Clafoutis ist ein typisch ländliches Gericht und läßt sich ganz einfach zubereiten. Einzige Voraussetzung für das Gelingen sind schön reife, fruchtig-süße Aprikosen. Die Früchte benötigen für ihr Wachstum mildes, warmes Klima und gedeihen deshalb in Europa vor allem in Spanien und Südfrankreich, aber auch in Ungarn, von wo die wertvollsten – mit dem bezeichnenden Namen »Ungarische Beste« – herkommen. Um das fruchtige Aroma des Desserts noch zu unterstreichen, mischt man unter den Teig etwas Aprikosenlikör. Fein geriebene Mandeln sorgen zusätzlich für eine leicht nussige Note. Übrigens kann das Dessert ohne Probleme auch mit anderem Obst zubereitet werden: Spätpflaumen, Reineclauden, Mirabellen, ja selbst Äpfel sind geeignet. Die alkoholische »Würzung« sollte dann entsprechend ausgewählt werden: ein Gläschen Slibowitz für die Pflaumen, Calvados für die Äpfel ...

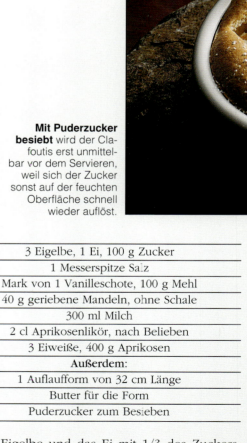

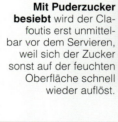

Mit Puderzucker besiebt wird der Clafoutis erst unmittelbar vor dem Servieren, weil sich der Zucker sonst auf der feuchten Oberfläche schnell wieder auflöst.

Zarte Aprikosenblüten gehören zu den ersten Frühlingsboten. Da die meisten Sorten jedoch sehr frostempfindlich sind, brauchen Aprikosenbäume einen warmen Platz im Garten.

3 Eigelbe, 1 Ei, 100 g Zucker
1 Messerspitze Salz
Mark von 1 Vanilleschote, 100 g Mehl
40 g geriebene Mandeln, ohne Schale
300 ml Milch
2 cl Aprikosenlikör, nach Belieben
3 Eiweiße, 400 g Aprikosen
Außerdem:
1 Auflaufform von 32 cm Länge
Butter für die Form
Puderzucker zum Besieben

1. Die Eigelbe und das Ei mit 1/3 des Zuckers, dem Salz und dem Vanillemark in einer Schüssel mit dem Schneebesen schaumig rühren.

FRANKREICH

2. In einer zweiten Schüssel das Mehl mit den Mandeln vermengen, zur Eigelbmasse geben und mit einem Holzspatel sorgfältig untermischen. Die Milch nach und nach zugießen. Den Aprikosenlikör einrühren.

3. Die Eiweiße zu halbsteifem Schnee schlagen, dabei den restlichen Zucker einrieseln lassen. Den Eischnee mit dem Schneebesen vorsichtig unter die Eigelbmischung heben.

4. Die Aprikosen blanchieren, kalt abschrecken und häuten. Die Früchte halbieren, die Kerne entfernen und das Fruchtfleisch in 1,5 cm große Stücke schneiden.

5. Die Auflaufform mit Butter ausfetten. Die Hälfte der Clafoutis-Masse einfüllen, die Aprikosen gleichmäßig darauf verteilen und mit der restlichen Masse bedecken. Den Auflauf bei 180 °C im vorgeheizten Ofen 35 bis 40 Minuten backen. Herausnehmen und mit Puderzucker besieben.

FRANKREICH

Kaffee-Charlotte

UMHÜLLT VON KNUSPRIGEN LÖFFELBISKUITS UND REICH GARNIERT – EIN MONUMENT DER ALTEN DESSERTKUNST.

Einst gehörte eine Charlotte – meist »à la russe« mit kandierten Früchten – auf jede vornehme Tafel. Basis ist stets eine Bayerische Creme. Sie wird beliebig aromatisiert – entweder insgesamt oder auch aufgeteilt –, hier zum Beispiel zur Hälfte mit Kaffee, und aufwendig »in Form« gebracht.

Für 10 bis 12 Portionen
Für die Löffelbiskuits:
6 Eigelbe, 130 g Zucker, Mark von 1/2 Vanilleschote
4 Eiweiße, 1 Prise Salz, 60 g Speisestärke, 65 g Mehl
Puderzucker zum Bestauben
Für die Creme:
4 Eigelbe, 100 g Zucker, 1/2 l Milch, 1 Vanilleschote
7 Blatt Gelatine, 1/2 l Sahne
1 gehäufter EL lösliches Kaffeepulver
Außerdem:
8 cm breite Pergamentstreifen, in Länge des Blechs
1 Springform von 18 cm Durchmesser
1/4 l Sahne, 20 g Zucker
12 Kaffeebohnen aus Schokolade, 20 g Schokoraspel

Die Biskuitmasse in einen Spritzbeutel mit Lochtülle Nr. 8 füllen und »Löffel« aufspritzen. Die Enden sollen etwas verdickt sein.

Die Oberfläche mit Puderzucker bestauben, damit sie knuspriger wird. Bei 180 °C in 8 bis 10 Minuten hellbraun backen.

Für die Löffelbiskuits die Eigelbe, 1/4 des Zuckers und das Vanillemark mit dem Schneebesen cremig rühren. Die Eiweiße mit dem Salz zu steifem Schnee schlagen, dabei den Zucker nach und nach einrieseln lassen. Die Speisestärke auf ein Papier sieben und mit einem Kochlöffel unter den Schnee heben. Zuerst die Eigelbmasse, dann das gesiebte Mehl unterziehen. Die Pergamentpapierstreifen dicht aneinander auf ein Blech legen und weiterverfahren, wie oben gezeigt. Die gebackenen Löffelbiskuits vom Papier lösen. Am besten zieht man die Papierstreifen über eine Tischkante, so lösen sich die Biskuits von selbst, ohne zu brechen. Für die Creme Eigelbe und Zucker cremig rühren. Die Milch mit der aufgeschlitzten Vanilleschote zum Kochen bringen, die Schote entfernen, das Mark in die Milch zurückstreifen und diese noch heiß langsam zur Eigelbmasse gießen, dabei ständig rühren. Die Creme in einem Topf unter ständigem Rühren erhitzen, bis sie angedickt auf dem Löffel liegen bleibt, sie darf nicht kochen. Die in kaltem Wasser eingeweichte, gut ausgedrückte Gelatine darin auflösen. Die Creme durch ein feines Sieb passieren und kalt rühren, sie soll noch dickflüssig sein. Die Sahne steif schlagen. Die Creme halbieren: Die Hälfte der Sahne unter den einen Teil der Vanillecreme heben. Den zweiten Teil der Creme zusätzlich mit dem Kaffeepulver aromatisieren und die restliche Sahne unterheben. Den Boden der Springform mit Löffelbiskuits auslegen. Zuerst die Vanillecreme in die Form füllen. Die Kaffeecreme mit einem Spritzbeutel (Lochtülle Nr. 12) in Punkten in die noch weiche Vanillecreme drücken. Die Charlotte im Kühlschrank fest werden lassen. Aus der Form lösen und auf eine Platte setzen. Sahne und Zucker steif schlagen und die Charlotte dünn damit einstreichen. Rundherum Löffelbiskuits andrücken. Mit einem Spritzbeutel mit Sterntülle Nr. 10 Sahnerosetten aufspritzen, jeweils mit 1 Kaffeebohne verzieren und in die Mitte Schokoladenraspel streuen.

FRANKREICH

Rotwein-Erdbeeren mit Apfelsinensorbet

»TRUNKENE« BEEREN MIT ERFRISCHENDEM SORBET: DAS RICHTIGE FÜR HEISSE FRÜHSOMMERTAGE.

Dieses Rezept sollte man wirklich nur zur Erdbeerzeit machen, so zwischen Mai und Juli. Denn die Voraussetzung für ein gutes Gelingen sind einfach Erdbeeren, die an der Staude ausgereift sind. Und der zweitwichtigste Punkt ist der Wein, der von bester Qualität sein soll. Sind die Erdbeeren sehr groß, dann empfiehlt es sich, die Früchte einmal zu teilen, bevor sie mit Zucker bestreut werden. Puderzucker hat dabei den Vorteil, daß er sich schneller auflöst. Da aber die Erdbeeren ohnehin über Nacht stehen, ist dieser hier nicht zwingend notwendig und statt dessen kann man auch ganz normalen Zucker verwenden.

Der Rotwein sollte bei diesem Dessert von bester Qualität sein – ob es dann ein feiner Bordeaux, ein guter Burgunder, ein Rioja, ein Kalifornier oder ein Australier ist, spielt keine Rolle.

Für die Rotwein-Erdbeeren:
600 g kleine Erdbeeren
150 g Zucker oder Puderzucker
etwa 1/2 l Rotwein
Für das Apfelsinensorbet:
150 ml Wasser, 150 g Zucker
Schale von 1/2 unbehandelten Orange
1/4 l frisch gepreßter Orangensaft
Saft von 1 Limette
1/4 l trockener Weißwein, 1 Eiweiß

1. Die Erdbeeren waschen und gut abtropfen lassen. Stielansatz und Blättchen abzupfen und die

FRANKREICH

Beeren in eine große Schale legen. Den Zucker darüberstreuen oder den Puderzucker darübersieben und mit dem Wein aufgießen. Bei Zimmertemperatur über Nacht durchziehen lassen.

2. Für das Apfelsinensorbet das Wasser mit dem Zucker und der Orangenschale kurz aufkochen und abkühlen lassen. Die Orangenschale entfernen. Den durch ein Sieb geseihten Orangen- und Limettensaft und den Weißwein zugießen. Das Eiweiß halbsteif schlagen und mit dem Schneebesen unter die Mischung heben. Die Masse in die Eismaschine füllen und cremig rühren.

3. Die Erdbeeren – bis auf 4 kleine zum Garnieren – mit etwas Flüssigkeit in Dessertschalen füllen. Das Apfelsinensorbet in einen Spritzbeutel mit Sterntülle Nr. 11 füllen und jeweils eine Sorbetrosette auf die Erbeeren spritzen. Mit einer kleinen Erdbeere und Erdbeerblättchen garnieren und sofort servieren.

FRANKREICH

Melonensorbet

SEHR FRANZÖSISCH, DIE KOMBINATION DER AROMEN VON MELONEN UND SAUTERNES.

Die Charentais-Melone gilt mit ihrem süßen und sehr aromatischen Fruchtfleisch als die köstlichste unter den Zuckermelonen. Und sie ist es, die in Frankreich auch vorwiegend kultiviert wird. Das Hauptanbaugebiet liegt in der Provence, in der Gegend von Cavaillon. Häufig kommen die kleinen, manchmal oben und unten leicht abgeplatteten Früchte auch unter dem Namen »Cavaillon-Melonen« auf den Markt. Ihre Saison beginnt im Mai, Haupterntezeit ist ab Anfang Juli. Und in die heiße Hochsommerzeit paßt denn auch dieses Dessert perfekt, kommt doch der Melonengeschmack in Kombination mit der Süße des Sauternes im erfrischend-kühlen Sorbet aufs beste zur Geltung. Unterstrichen wird er noch durch eine fruchtige Melonensauce. Damit die Pracht nicht vorschnell dahinschmilzt, sollten die Dessertgläser einige Zeit vor dem Servieren im Gefrierfach des Kühlschranks vorgekühlt werden.

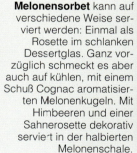

Melonensorbet kann auf verschiedene Weise serviert werden: Einmal als Rosette im schlanken Dessertglas. Ganz vorzüglich schmeckt es aber auch auf kühlen, mit einem Schuß Cognac aromatisierten Melonenkugeln. Mit Himbeeren und einer Sahnerosette dekorativ serviert in der halbierten Melonenschale.

Für das Melonensorbet:
50 g Zucker, 2 EL Honig, 1 EL Zitronensaft
200 ml Sauternes
300 g Charentais-Melonen-Fruchtfleisch
Für die Melonensauce:
100 g Zucker, 100 ml Wasser
200 g Charentais-Melonen-Fruchtfleisch
Außerdem:
8 cl Pfefferminzlikör
einige Rispen rote Johannisbeeren
einige Pfefferminzblättchen zum Garnieren

1. Für das Sorbet den Zucker in einem Topf mit dem Honig, dem durchgeseihten Zitronensaft und

FRANKREICH

dem Sauternes aufkochen. So lange kochen lassen, bis der Zucker sich vollständig aufgelöst hat. Den Sirup vom Herd nehmen und erkalten lassen.

2. Das Melonenfruchtfleisch im Mixer pürieren. Das Püree unter den Sirup rühren und die Masse in der Eismaschine cremig frieren.

3. Für die Melonensauce in einem Topf Zucker und Wasser aufkochen. Kochen lassen, bis sich der Zucker vollständig gelöst hat. Das Melonenfruchtfleisch pürieren. Unter den Zuckersirup rühren, 3 bis 4 Minuten köcheln lassen. Durch ein feines Sieb passieren und die Sauce erkalten lassen.

4. Das Melonensorbet in einen Spritzbeutel mit Sterntülle Nr. 12 füllen und in Form von Rosetten in die vorgekühlten Gläser spritzen. Vorsichtig etwas Pfefferminzlikör angießen, so daß ein grüner Bodensatz entsteht, das Sorbet selbst aber nicht beträufelt wird. Anschließend etwas von der kalten Melonensauce über die Sorbetrosette gießen, so daß sie in den Rillen herabläuft. Jedes Glas mit einer Rispe Johannisbeeren sowie einigen Minzeblättchen garnieren. Sofort servieren.

FRANKREICH

Die Walnuß wird in warmen, milden Klimazonen kultiviert. Hauptausfuhrländer sind in Europa Frankreich, Italien und Spanien. Kalifornien hat die größten Walnußkulturen der Welt, bei uns jedoch werden die Nüsse aus der Gegend von Grenoble am meisten geschätzt.

Walnußparfait

»PARFAIT AUX NOIX« – DER NAME SAGT ES SCHON: EIN »PERFEKTES« EISDESSERT VON ZARTEM SCHMELZ, MIT WALNÜSSEN.

Aufgrund des hohen Sahneanteils sind Parfaits zwar nicht mit dem Eisportionierer aufzuteilen, aber dafür schmelzen sie im wahrsten Sinne des Wortes auf der Zunge. Ihr großer Vorteil außerdem – besonders von Bedeutung bei der Zubereitung aufwendiger Menüs – Parfaits müssen stets im voraus hergestellt werden, da sie genügend Zeit zum Gefrieren brauchen.

Für das Parfait:
160 g Zucker, 120 g grobgehackte Walnußkerne
4 Eigelbe, 50 g Honig, 1/2 Vanilleschote
200 ml Milch, 300 ml Sahne
Für die Erdbeersauce:
250 g Erdbeeren
60 g Zucker, 6 cl Wasser, 2 cl Erdbeerlikör
Zum Garnieren:
1/8 l Sahne, 20 g Zucker, Schokoladenblätter

1. In einer Kasserolle 80 g Zucker schmelzen. Die gehackten Walnüsse zugeben. Sobald sie karamelisiert sind, auf ein ganz leicht geöltes Backblech geben und erkalten lassen. Anschließend nicht zu fein hacken.

2. Eigelbe mit dem Honig und dem restlichen Zucker in eine Schüssel geben und cremig rühren. Die Vanilleschote der Länge nach aufschneiden, mit der Milch in einen Topf geben und aufkochen lassen. Vom Herd nehmen, die Vanilleschote entfernen und das noch anhaftende Mark in die Milch zurückstreifen.

3. Mit einer Schöpfkelle die noch heiße Milch langsam zu der Eier-Zucker-Masse gießen, dabei ständig rühren. Zurück in den Topf geben und auf dem Herd unter ständigem Rühren erhitzen, bis sie leicht angedickt auf dem Kochlöffel liegen bleibt. Die Creme darf dabei nicht mehr kochen!

4. Die Creme durch ein feines Sieb passieren, in eine Rührschüssel umfüllen und mit dem Handrührgerät etwa 15 Minuten bei mittlerer Drehzahl kalt rühren. Sie soll schön luftig und cremig sein. Im Kühlschrank vollständig erkalten lassen.

5. Die Sahne steif schlagen und zusammen mit dem gehackten Walnußkrokant unter die Eiercreme rühren. In eine mit Pergamentpapier ausgelegte Kastenform füllen und mindestens 4 bis 5 Stunden in das Gefriergerät stellen. Besser noch ist es, das Parfait über Nacht gefrieren zu lassen.

6. Für die Sauce die Erdbeeren putzen, waschen, gut abtropfen lassen und pürieren. Durch ein Sieb streichen. Zucker und Wasser aufkochen, das Erdbeermark untermischen und 2 bis 3 Minuten einkochen. Likör einrühren und erkalten lassen.

7. Die Sahne mit dem Zucker steif schlagen und in einen Spritzbeutel mit Sterntülle füllen.

8. Das Parfait aus dem Gefriergerät nehmen und auf eine Platte stürzen. Das Papier entfernen und das Eisdessert in Scheiben schneiden. Auf vorgekühlte Teller mit Sauce, Sahne und Schokoladenblättern anrichten.

An der Sauce erkennt man den Koch. Diese alte Weisheit gilt nicht zuletzt für Desserts. Denn gerade bei den verführerischen Nachspeisen ist die Sauce oft das Tüpfelchen auf dem i. Zu dem Walnußparfait muß es nicht unbedingt eine Erdbeersauce sein, der eigenen Phantasie und Kreativität sind hier keine Grenzen gesetzt.

FRANKREICH

Prickelnder Champagner ist gerade bei einem Granité unerläßlich. Wer dies bezweifelt, der sollte einmal die Probe aufs Exempel machen und ein Granité nur aus Wein probieren.

Pfefferminz-Granité

MIT VIELEN FRÜCHTEN EISKALT SERVIERT – NUR MÄSSIG SÜSS, DAFÜR SEHR ERFRISCHEND.

Granité, im italienischen »granita«, auf französisch »granité« wie im Deutschen oder »gramolate«, dürfte wohl eines der ältesten Eisdesserts überhaupt sein. Man vermutet, daß es dem ursprünglichen Sorbet, dem persischen »Sharbate« am ähnlichsten ist. Beim echt persischen »Sharbate« wird einfach ein Fruchtsirup über fein gestoßenes Eis gegossen, unter das dann nach Belieben noch zusätzlich Früchte gemischt werden können. Granités bestehen dagegen in der Regel aus dem Saft von säuerlichen Früchten, Weißwein oder Champagner und ein wenig Zucker. Sie versprechen unbeschwerten Genuß, denn Sorgen um die Figur sind hier völlig unbegründet. Auch in der nebenstehenden Version besteht die Grundrezeptur aus Wein und Champagner, hinzu kommen lediglich noch gehackte Pfefferminzblättchen als Geschmacksgeber. Durch den niedrigen Zuckergehalt dieser Mischung bilden sich beim Gefrieren die erwünschten Eiskristalle. Wie gestoßenes Eis sollte ein Granité daherkommen, zu fein sollte die Körnung also nicht sein. Deshalb sind Granités auch die einzigen Vertreter aus der großen Eisfamilie, die nicht unter ständigem Rühren in einer Eismaschine gefroren werden müssen, sondern ganz einfach im Gefriergerät, bei nur gelegentlichem Umrühren, zubereitet werden können. Die Gefrierzeit beträgt je nach verwendetem Gefäß etwa 3 Stunden. Und damit die Köstlichkeit nicht zu schnell schmilzt, empfiehlt es sich, auch die Gläser vorzukühlen.

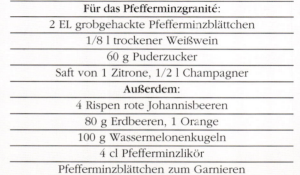

Versteckt im Eis: Melonenkugeln und Orangenscheiben. Je nach Belieben können es jedoch auch andere Früchte sein, die dann durch einen Schuß Pfefferminzlikör noch zusätzliche Frische erhalten.

Für das Pfefferminzgranité:
2 EL grobgehackte Pfefferminzblättchen
1/8 l trockener Weißwein
60 g Puderzucker
Saft von 1 Zitrone, 1/2 l Champagner
Außerdem:
4 Rispen rote Johannisbeeren
80 g Erdbeeren, 1 Orange
100 g Wassermelonenkugeln
4 cl Pfefferminzlikör
Pfefferminzblättchen zum Garnieren

1. In einem möglichst flachen Gefäß die gehackten Minzeblättchen mit dem Weißwein und dem

FRANKREICH

Puderzucker vermischen und alles 2 Stunden durchziehen lassen.

2. Den ausgepreßten Zitronensaft durch ein Sieb gießen und unter die Wein-Minze-Mischung rühren. Dann den Champagner zugießen und im Eisfach des Kühlschranks gefrieren lassen.

3. Wenn die Flüssigkeit am Rand des Gefäßes zu frieren beginnt, mit einem Löffel mehrmals durchrühren. Je nachdem, wie fein die Körnung des Granités ausfallen soll, mehr oder weniger häufig rühren. Granité sollte jedoch immer noch an gestoßenes Eis erinnern.

4. Johannisbeeren und Erdbeeren waschen und abtropfen lassen. Die Erdbeeren abzupfen. Die Orange aufrecht auf eine Arbeitsfläche stellen und mit einem scharfen Messer die Schale sowie die weißen Häute in Streifen abschneiden. Die Orange quer in etwa 3 mm dicke Scheiben schneiden.

5. Je 2 Melonenkugeln, 2 Erdbeeren, 2 Orangenscheiben sowie 1 Johannisbeerrispe in ein vorgekühltes Glas einfüllen und mit dem Pfefferminzgranité auffüllen. In jedes Glas 1 cl Pfefferminzlikör gießen. Mit einer besonders schönen Erdbeere und Pfefferminzblättchen garnieren und sofort servieren.

Mandarinen-Charlotte

UNTER DER HÜLLE AUS BISKUITROULADE VERBIRGT SICH EINE FRUCHTIGE ORANGENCREME.

Traditionelle Küche hin, Nouvelle Cuisine her, beim Dessert angelangt, sind beide Lager angesichts herrlich altmodischer Nachspeisen wie dieser Charlotte royale wieder miteinander versöhnt.

Für die Biskuitroulade:
4 Eigelbe, 50 g Zucker
1 Messerspitze Salz, 3 Eiweiße
60 g Mehl, 200 g Himbeermarmelade, passiert
Für die Creme:
Abgeriebenes von 1/2 unbehandelten Orange
30 ml Orangensaft, 70 ml Mandarinensaft
160 ml Weißwein, 70 g Zucker, 2 Eigelbe
4 Blatt weiße Gelatine, 300 ml Sahne

Die Schüssel so dicht wie möglich mit Biskuitrouladenscheiben auslegen, damit möglichst wenig Zwischenraum bleibt.

Über den Rand ragende Scheiben abschneiden. Die Creme bis etwa 2 cm unter den Rand in die ausgelegte Schüssel füllen. Etwas Creme zurückbehalten.

Die ausgelösten Mandarinenfilets dicht aneinander und kreisförmig auf die Cremeoberfläche verteilen, so daß möglichst keine Zwischenräume entstehen.

Die Mandarinenfilets mit der restlichen Creme gleichmäßig bestreichen und mit den restlichen Rouladenscheiben kreisförmig belegen.

Charlotten präsentieren sich in ihrer gebackenen Hülle sehr attraktiv und sind das passende Dessert für festliche Anlässe.

Für die Mandarinen:
3 Mandarinen, 10 g Zucker
2 cl Cointreau, 2 cl Mandarinensaft
Zum Verzieren:
1/8 l Sahne, 20 g Zucker, 1 EL gehackte Pistazien
Außerdem:
1 Backblech von 36 x 42 cm, Pergamentpapier
1 Glasschüssel (18 cm Durchmesser und 1,4 l Inhalt)

Für den Biskuit Eigelbe mit etwa 1/4 des Zuckers und dem Salz schaumig rühren. Eiweiße zu einem absolut schnittfesten Schnee schlagen, dabei den restlichen Zucker einrieseln lassen. Zuerst die Eigelbmasse, dann das gesiebte Mehl vorsichtig

FRANKREICH

unterheben. Den Teig gleichmäßig auf ein mit Pergamentpapier ausgelegtes Blech streichen und bei etwa 230 °C 8 bis 10 Minuten backen. Danach sofort auf ein Tuch stürzen, Papier abziehen, mit Marmelade bestreichen, aufrollen und in etwa 8 mm dicke Scheiben schneiden. Für die Creme abgeriebene Orangenschale, Säfte, Wein, Zucker und Eigelbe unter ständigem Rühren in einem Topf aufkochen. Vom Herd nehmen. Die eingeweichte und gut ausgedrückte Gelatine in die noch heiße Creme rühren. Abkühlen lassen, dabei ab und zu umrühren, damit sich keine Haut bildet. Die Sahne steif schlagen. Die Creme in eine Schüssel umfüllen. Wenn sie fast kalt, aber noch nicht fest ist, die Sahne unterziehen. Die Mandarinen schälen, Filets auslösen, dabei weiße Häutchen entfernen. Den Zucker leicht karamelisieren. Mit Cointreau und Mandarinensaft ablöschen, aufkochen. Die Filets 1 Minute mitköcheln und abkühlen lassen. Die Glasschüssel mit Folie auskleiden und weiterverfahren, wie in der Bildfolge gezeigt. Die Schüssel mit Folie abdecken und die Charlotte im Kühlschrank, am besten über Nacht, fest werden lassen. Zum Servieren die Folie entfernen und die Charlotte auf eine Platte stürzen. Sahne und Zucker steif schlagen, mit einem Spritzbeutel mit Lochtülle Nr. 10 Rosetten um die Charlotte spritzen und mit Pistazien bestreuen.

FRANKREICH

Pfirsiche in Rotwein

DAZU EINE KUGEL CREMIGES PISTAZIENEIS – EIN DESSERT, DAS DIESSEITS UND JENSEITS DER PYRENÄEN BELIEBT IST.

Birnen in Rotwein sind ein klassisches Dessert. Weniger bekannt sind in Rotwein eingelegte Pfirsiche. Doch ob Birnen oder Pfirsiche, entscheidend ist die Qualität des verwendeten Weins.

Für 8 Portionen
Für die Rotweinpfirsiche:
8 Pfirsiche (je etwa 100 g), 5 g frische Ingwerwurzel
1 bis 1,5 l Rotwein (zum Beispiel ein Bordeaux)
160 g Zucker
Saft von 1/2 Zitrone, 1 Nelke, 1/4 Zimtstange
abgeriebene Schale von 1/2 unbehandelten Orange
Für das Pistazieneis:
4 Eigelbe, 100 g Zucker, 1/4 l Milch
1/8 l Sahne, 1/2 Vanilleschote
75 g Pistazien, geschält und fein gemahlen
1 cl Mandellikör (zum Beispiel Amaretto)
Außerdem:
1/8 l Sahne, 20 g Zucker, 10 g Pistazien, gehackt

1. Pfirsiche blanchieren, kalt abschrecken, häuten und in ein entsprechend großes Glas oder in eine Schüssel füllen. Ingwerwurzel schälen und in Scheiben schneiden. In einem Topf den Rotwein mit dem Zucker, dem Ingwer, dem Zitronensaft, der Nelke, der Zimtstange und der Orangenschale zum Kochen bringen und etwa 5 Minuten köcheln lassen. Die Pfirsiche mit dem heißen Sud begießen und 4 bis 5 Tage durchziehen lassen.

2. Die Eigelbe und den Zucker cremig, aber nicht schaumig rühren. Die Milch mit der Sahne und der aufgeschlitzten Vanilleschote aufkochen, die Schote entfernen und das Mark in die Milch zurückstreifen. Diese nochmals aufkochen und unter Rühren zu der Eigelbmasse gießen. Anschließend in eine Kasserolle umfüllen. Unter Rühren erhitzen, bis die Masse dickflüssig zu werden beginnt, aber Vorsicht, die Creme darf nicht kochen. Durch ein feines Sieb passieren, auf Eiswasser abkühlen lassen, dabei ab und zu umrühren. Gemahlene Pistazien einrühren, die Creme mit dem Mandellikör parfümieren, in die Eismaschine schütten und frieren.

3. Die Pfirsiche halbieren, die Steine entfernen und die Hälften in Spalten schneiden. Die Marinade in einen entsprechend großen Topf seihen und auf etwa 150 ml reduzieren.

4. Pfirsichspalten im Halbkreis anrichten, etwas Sud darübergießen. Daneben eine Kugel Pistazieneis setzen. Mit einer Rosette aus, mit Zucker aufgeschlagener, Sahne und Pistazien verzieren.

Beim Rotwein zu sparen, ist nicht empfehlenswert, da der Geschmack des Weines eine wesentliche Komponente des Ganzen ist. Natürlich braucht es keine Spitzenlage, aber ein ordentlicher Bordeaux – aus dem Médoc oder aus Pomerol – sollte es schon sein.

FRANKREICH

Aus dem Granatapfel mit einem Sägemesser am Kelchansatz ein keilförmiges Stück herausschneiden. Die Frucht über einer Schüssel mit etwas Druck auseinanderbrechen, dabei fallen die weichfleischigen, saftigen Fruchtkerne heraus.

Mille-feuille

KNUSPRIGES BLÄTTERTEIGGEBÄCK, PERFEKT ERGÄNZT DURCH EINE FRUCHTIG-HERBE GRENADINESAUCE.

Französische Backtradition und exotische Aromen aus Übersee gehen hier eine interessante Liaison ein. Die fruchtige Komponente dieses Desserts ist Granatapfel, dessen entfernt an Johannisbeeren erinnernder Geschmack in der Grenadinesauce gut zur Geltung kommt.

Für 6 Portionen
200 g Blätterteig
Zucker zum Ausrollen und Bestreuen
Für die Rum-Canache-Creme:
1/8 l Sahne, 100 g bittere Kuvertüre, 4 cl brauner Rum
Für die Grenadinesauce:
4 große Granatäpfel (je etwa 250 g), 80 g Zucker
2 EL Limettensaft, 120 ml kräftiger Rotwein
Zum Garnieren:
1/4 l Sahne, 20 g Zucker

1. Eine Arbeitsfläche mit Zucker bestreuen. Den Blätterteig darauf nach beiden Richtungen etwas ausrollen. Die Oberfläche ebenfalls mit Zucker bestreuen und den Teig weiter zu einer rechteckigen Platte von 16 x 24 cm ausrollen. In 6 Quadrate von 8 x 8 cm schneiden.

2. Ein Backblech mit Wasser benetzen, die Teigquadrate daraufsetzen und 30 Minuten ruhen las-

Granatäpfel überraschen immer wieder durch ihr eigenwilliges Innenleben. Während die Schale sowie die weißen Trennhäute ungenießbar sind, kommen die Kerne in der Dessertküche zum Einsatz. Werden sie wie hier mit Zucker zu einer Art Sirup verkocht, heißt dieser dann Grenadine.

Ein paar der saftigen Fruchtkerne sollte man beiseite stellen. Sie werden zum Schluß für die Garnitur gebraucht.

FRANKREICH

sen. Die Quadrate bei 200 °C im vorgeheizten Ofen 10 bis 15 Minuten backen, bis die Oberfläche karamelisiert ist. Noch heiß vom Blech nehmen und jedes Quadrat horizontal teilen.

3. Für die Rum-Canache die Kuvertüre in Stücke hacken. In einem Topf die Sahne aufkochen, vom Herd nehmen und die Kuvertüre darin schmelzen. Die Mischung noch warm mit dem Pürierstab homogenisieren, dabei nicht an die Oberfläche der Creme kommen, weil sich sonst Blasen bilden. Abkühlen lassen.

4. Für die Grenadinesauce die Granatäpfel aufbrechen und vorbereiten, wie in der Bildfolge links oben gezeigt. Die Kerne in einer Kasserolle mit dem Zucker, dem Limettensaft und dem Rotwein aufkochen und die Mischung bei geringer Hitze auf die Hälfte reduzieren. Vom Herd nehmen, auskühlen lassen und die Sauce durch ein feines Sieb passieren.

5. Die Sahne mit dem Zucker halbsteif schlagen und 3 bis 4 Eßlöffel Grenadinesauce unterrühren.

6. Die abgekühlte Creme mit dem Handrührgerät schaumig schlagen und den Rum einrühren. Die Rum-Canache in einen Spritzbeutel mit Sterntülle Nr. 8 füllen. Jeweils einen doppelten Ring auf die unteren Teigquadrate spritzen. Je einen Löffel der aromatisierten Sahne darüber geben und mit der oberen Hälfte der Blätterteigquadrate abdecken. Auf Teller anrichten, mit Grenadinesauce und Granatapfelkernen garnieren und servieren.

FRANKREICH

Flambierte Feigen

EIN SÜDLICH INSPIRIERTES DESSERT: FRISCHE FEIGEN, WARM SERVIERT, MIT MANDELEIS.

Neben Griechenland und der Türkei gehört auch Frankreich zu den klassischen Anbauländern der Feige. Allerdings gedeihen die wärmeliebenden Früchte dort außerhalb der südlichen Landesteile nur in wirklich geschützten Lagen. Flambiert und mit einer Kugel selbstgemachtem Mandeleis serviert, sind die frischen Feigen ein Hochgenuß.

Für das Mandeleis:
4 Eigelbe, 100 g Zucker
100 g Marzipan
1/4 l Milch
1/8 l Sahne
100 g Mandeln, geschält, fein gemahlen und geröstet
Für die flambierten Feigen:
4 Feigen (je etwa 70 g)
70 g Butter
80 g brauner Zucker
Saft von 1 Limette
Saft von 2 Orangen
abgeriebene Schale von 1/2 unbehandelten Orange
4 cl brauner Rum (54 Vol.-%)
Außerdem:
Minzeblättchen zum Garnieren

Die halbierten Feigen von beiden Seiten je 1/2 Minute bei starker Hitze anbraten. Die Feigenhälften herausnehmen und warmstellen.

Die restlichen 30 g Butter in der Flambierpfanne zerlassen und den Zucker darüberstreuen. Unter ständigem Rühren schmelzen.

Mit dem Limetten- und Orangensaft ablöschen und die Orangenschale zufügen. Die Sauce bei starker Hitze etwa 3 Minuten einkochen, dabei wiederholt umrühren. Den Rum zugießen. Die Pfanne etwas schräg halten, den Rum anzünden und abbrennen lassen. Die angebratenen Feigen in der Flüssigkeit 1 Minute erwärmen.

FRANKREICH

Für das Mandeleis die Eigelbe mit dem Zucker und dem Marzipan in einer Schüssel cremig, aber nicht schaumig rühren. In einer Kasserolle die Milch mit der Sahne aufkochen. Die Sahnemilch noch heiß unter ständigem Rühren zu der Eigelb-Marzipan-Masse geben. Die Mischung zurück in die Kasserolle gießen und erhitzen, dabei ununterbrochen mit einem Holzspatel rühren, bis die Creme dickflüssig zu werden beginnt. Sie darf jedoch keinesfalls kochen. Die Mandelcreme durch ein feines Sieb in eine Schüssel gießen und auf Eiswasser abkühlen lassen, dabei von Zeit zu Zeit umrühren. Die gerösteten Mandeln untermischen. Die vollständig erkaltete Creme in die Eismaschine schütten und frieren. Die Feigen vorsichtig waschen und mit Küchenpapier trockentupfen. Den Stiel mit einem Messer abschneiden und die Früchte quer halbieren. In einer Flambierpfanne 40 g Butter zerlassen und weiterverfahren, wie in der Bildfolge links gezeigt. Die flambierten, warmen Feigen mit 1 Kugel Mandeleis auf Teller anrichten. Mit etwas Sauce übergießen, mit Minze garnieren und sofort servieren.

FRANKREICH

Die Melonen ringsum mit einem spitzen Messer entlang einer gedachten Mittellinie im Zickzack bis zur Mitte durchstechen. Die Melonen in 2 Hälften teilen und mit einem Löffel entkernen. Aus dem Fruchtfleisch mit dem Kugelausstecher Kugeln ausstechen.

Granité von Sauternes in der Melone

EIN ERFRISCHEND KÜHLER GENUSS – GENAU DAS RICHTIGE FÜR HEISSE SOMMERTAGE.

Der berühmte stroh- bis goldgelbe Sauternes aus der Gegend um Bordeaux erhält seine Natursüße durch die »pourriture noble«, die Edelfäule Botrytis, die die Trauben im Spätherbst befällt. Dennoch wirkt seine Süße nicht aufdringlich. Grund dafür ist der hohe Gerbstoffgehalt, der von seinem Ausbau in Eichenfässern herrührt.

Für das Granité:
180 g Zucker, 200 ml Wasser
Saft von 1 Limette
Saft von 1 Orange, 5 Pfefferminzblättchen
0,7 l Sauternes
Außerdem:
2 Charentais-Melonen (je etwa 600 g)
Saft und Abgeriebenes von 1 unbehandelten Orange
80 g Zucker, 2 cl Dom Bénédictine (Kräuterlikör)
Pfefferminzblättchen zum Garnieren

1. Für das Granité den Zucker, das Wasser, Limetten- und Orangensaft mit den Pfefferminzblättchen in einer Kasserolle aufkochen und 2 bis 3 Minuten köcheln lassen. Vom Herd nehmen und abkühlen lassen.

2. Die Minzeblättchen entfernen und den Sauternes zugießen. Alles gut verrühren und in ein flaches, weites Gefäß füllen. Dieses in das Tiefkühlfach stellen. Wenn die Flüssigkeit am Rand zu frieren beginnt, die Kristalle vom Rand mit dem noch flüssigen Teil in der Mitte verrühren. Diesen Vorgang mehrmals wiederholen, je nachdem, wie fein die Körnung des Granités sein soll.

3. Die Melonen halbieren und Kugeln ausstechen, wie links oben gezeigt.

4. Den Rest des Fruchtfleisches aus den Melonenhälften schaben, dabei den austretenden Fruchtsaft auffangen. Diesen in einer Kasserolle mit dem Orangensaft, der abgeriebenen Orangenschale und dem Zucker aufkochen und 4 bis 5 Minuten kochen lassen. Vom Herd nehmen und vollständig erkalten lassen.

5. Das fertige Granité in die ausgehöhlten Schalen füllen und die Melonenkugeln darauf anrichten. Den Kräuterlikör unter den abgekühlten Orangensirup rühren, die Mischung über die Melonenkugeln träufeln und, garniert mit Pfefferminzblättchen, servieren.

Ein Granité muß während des Gefrierens im Gegensatz zu Eis nicht unentwegt gerührt werden. Durch den niedrigen Zuckergehalt der Masse bilden sich beim Gefrieren die erwünschten Eiskristalle, die dann für die entsprechende Körnung des Granités sorgen.

Optisch überaus ▶ attraktiv präsentiert sich dieses fruchtige Dessert, das in einer ausgehöhlten Melonenhälfte serviert wird.

BRITISCHE INSELN

Toffee-Pudding
EIN PUDDING DER FEINEN ENGLISCHEN ART, KRÖNENDER ABSCHLUSS EINES WINTERMENÜS.

Der Tradition begegnet man in London auf Schritt und Tritt – auch die »underground« bewährt sich dort schon über ein ganzes Jahrhundert. Und genauso halten es die Engländer mit der Küche. Sie lieben ihre seit Generationen überlieferten Rezepte.

Er ist längst nicht so üppig wie der englische Christmas pudding mit seinem viel höheren Anteil an getrockneten Früchten, aber im Geschmack steht der Toffee-Pudding dem Traditionsgebäck in nichts nach.

Für den Pudding:
60 g Butter, 100 g brauner Zucker
Mark von 1/2 Vanilleschote
1 Prise Salz, 1/2 TL gemahlener Ingwer
3 Eigelbe, 50 g Zuckerrübensirup
80 g getrocknete Pflaumen, 100 g Mehl, 3 Eiweiße
Für die Karameläpfel:
80 g Zucker, 50 ml Wasser, Saft von 1/2 Zitrone
1/4 l Sahne, 70 g Butter
300 g kleine Äpfel (zum Beispiel Boskop)
2 cl Whisky
Für die Preiselbeeren:
70 ml Wasser, 40 g Zucker, 1 Stück Zimtrinde, 1 Nelke
Saft von 1/2 Orange, 100 g Preiselbeeren
Außerdem:
4 glattwandige Puddingförmchen von 150 ml Inhalt
Butter und brauner Zucker für die Förmchen
Alufolie, 1/8 l Sahne, 20 g Zucker

Apfelstücke in einer cremigen Karamelsauce harmonieren hervorragend mit dem würzigen Pudding. Und als Kontrapunkt gedünstete Preiselbeeren, deren herbes Aroma der Süße die Spitze nimmt.

1. Für den Pudding die Butter mit 30 g Zucker, dem ausgeschabten Vanillemark, dem Salz und dem Ingwer in einer Schüssel cremig rühren. Die Eigelbe einzeln unterrühren. Den Zuckerrübensirup untermischen.

2. Die Pflaumen sehr klein schneiden und sorgfältig mit dem Mehl vermischen. Die Eiweiße so lange schlagen, bis ein steifer, schnittfester Schnee entstanden ist, dabei den restlichen Zucker langsam einrieseln lassen. Zunächst 1/3 des steifen Eischnees mit dem Holzspatel kräftig unter die Buttermasse rühren. Die Mehl-Pflaumen-Mischung zufügen und mit dem restlichen Eischnee vorsichtig unterheben.

BRITISCHE INSELN

3. Förmchen mit Butter ausstreichen und mit Zucker ausstreuen. Den Pudding bis 1 cm unter den Rand in die Förmchen füllen und diese mit gebutterter Alufolie verschließen. In ein 80 °C heißes Wasserbad stellen und bei 150 °C im vorgeheizten Ofen 45 Minuten garen. Die Folie entfernen.

4. Für die Karameläpfel Zucker, Wasser und Zitronensaft in einer Kasserolle hellbraun karamelisieren. Die Sahne zugießen und 10 Minuten leise köcheln. 50 g Butter unter Rühren darin schmelzen. Die Äpfel schälen, achteln und das Kerngehäuse vollständig entfernen. Die restliche Butter in einer Pfanne schmelzen und die Apfelstücke 1 bis 2 Minuten darin anschwitzen. Mit dem Whisky ablöschen. Die Karamelsauce zugießen und erneut 1 bis 2 Minuten köcheln. Vom Herd nehmen.

5. Für die Preiselbeeren Wasser, Zucker und Gewürze in einer Kasserolle einige Minuten sprudelnd kochen lassen. Durch ein Sieb gießen und die Flüssigkeit mit dem Orangensaft und den Preiselbeeren in einer Kasserolle köcheln, bis die Beeren leicht einschrumpfen. Abkühlen lassen.

6. Die Sahne mit dem Zucker halbsteif schlagen. Den Pudding aus den Förmchen auf Teller stürzen, mit den Karameläpfeln, den Preiselbeeren und der Sahne anrichten und warm servieren.

Ausgebackene Kirschen mit Schokoladensauce

EIN SOMMERLICHES DESSERT, DAS NACH FRISCHEN KIRSCHEN BESTER QUALITÄT VERLANGT.

Die Kombination Kirschen, Teig und Schokolade ist einfach gut, weshalb sie in vielen Sparten der süßen Kunst Verwendung findet. Als Kuchen, kleine Gebäckstücke oder Pralinen gibt es zahlreiche Variationen. In diesem Rezept erfolgt die Zusammenführung der drei Komponenten erst unmittelbar vor dem Essen, denn die Schokoladensauce wird bei Tisch zu den ausgebackenen Kirschen gereicht.

Mit Stielen sollten die Süßkirschen für dieses Rezept sein, denn sie sehen nicht nur schöner aus, sondern lassen sich so auch einfacher durch den Teig ziehen.

Für 6 bis 8 Portionen
750 g Süßkirschen mit Stielen
Für die Schokoladen-Rum-Sauce:
350 g Halbbitter-Kuvertüre
160 ml Milch
1 unbehandelte Limette, 2 Stück Würfelzucker
300 ml Sahne
50 g Honig, 8 cl brauner Rum
Für den Ausbackteig:
150 g Mehl
75 g Zucker
1 gestrichener TL gemahlener Zimt
1 Prise Salz, 3 EL Milch
3 EL Weißwein, 3 Eier
Außerdem:
Pflanzenfett zum Ausbacken
75 g Puderzucker

Als Dip eignet sich diese Schokoladensauce besonders gut – die ausgebackenen Kirschen einfach unmittelbar vor dem Verzehr darin eintauchen.

1. Für die Schokoladensauce die Kuvertüre mit einem Messer zerkleinern, in eine entsprechend große Schüssel geben und auf einem Wasserbad schmelzen. Die Milch in einen Topf gießen. Die Limetten waschen und die Schale über der Milch

BRITISCHE INSELN

vorsichtig mit dem Würfelzucker abreiben: Es darf nur das Grüne in die Milch gelangen, die weißen Schalenbestandteile können bitter schmecken. 200 ml Sahne und den Honig zufügen und alles zusammen unter Rühren aufkochen. Die heiße Sahnemilch unter die geschmolzene Kuvertüre rühren. Die Sauce mit dem Mixstab homogenisieren, dabei unter der Oberfläche bleiben, damit sich keine Blasen bilden. Die Sauce abkühlen lassen, bevor sie jedoch ganz kalt ist, den Rum unterrühren. Die restliche Sahne steif schlagen und vorsichtig unterheben.

2. Während die Sauce abkühlt, die Kirschen kurz in kaltem Wasser abspülen und trockentupfen.

3. Für den Teig das Mehl mit dem Zucker, dem Zimt und einer Prise Salz mischen. Nacheinander die Milch und den Wein unterrühren. Die Eier verquirlen und ebenfalls unterrühren. Den Teig zudecken und 30 Minuten quellen lassen.

4. Das Fett in der Friteuse auf 180 °C erhitzen. Die Kirschen an den Stielen anfassen und so in den Teig tauchen, daß sie vollständig damit überzogen sind, den überschüssigen Teig ablaufen lassen. Die Kirschen in dem heißen Fett 2 Minuten fritieren. Herausheben, auf ein Kuchengitter legen und die Kirschen mit Puderzucker bestauben.

5. Je nach Geschmack können die Kirschen kalt oder warm serviert werden. Die Schokoladensauce separat dazureichen.

BRITISCHE INSELN

An excellent trifle

EIN DESSERT, WELCHES DAS ATTRIBUT »AUSGEZEICHNET« VERDIENT, DENN SEINE ZUTATEN SIND SEHR ERLESEN.

It is teatime. So stilvoll wie der britische Nachmittagstee ist auch dieses außergewöhnliche Dessert, das aufgrund seiner gehaltvollen Zusammensetzung in kleinen Portionen gereicht wird.

Für die Löffelbiskuits:
6 Eigelbe, 130 g Zucker, Mark von 1/2 Vanilleschote
4 Eiweiße, 60 g Speisestärke
65 g Mehl, Puderzucker zum Besieben
Für die Creme:
2 Blatt Gelatine, 5 Eigelbe, 80 g Zucker, 300 ml Milch
Mark von 1 Vanilleschote, 1/4 l Sahne
Für die Preiselbeeren:
200 g Preiselbeeren, 1/8 l Wasser
70 g Zucker, 1 Stück Zimtrinde, 1 Nelke
Schale und Saft von 1/2 unbehandelten Orange
Außerdem:
Pergamentpapierstreifen von 8 cm Breite
4 cl Cream Sherry, 4 EL Läuterzucker, 2 EL Cognac
125 g Makronen (zum Beispiel Amaretti)
1 Schüssel von 18 cm Durchmesser und 1,5 l Inhalt
1/4 l Sahne, 20 g Zucker
10 g zerbröselte Makronen
7 Schokoladenblätter aus Milch-Kuvertüre

Für die Löffelbiskuits die Eigelbe mit 1/4 des Zuckers und dem Vanillemark schaumig rühren. Die Eiweiße steif schlagen, dabei den restlichen Zucker einrieseln lassen. Die Speisestärke unterziehen. Die Eigelbmischung unterheben. Das gesiebte Mehl unterziehen. Ein Backblech mit den Pergamentpapierstreifen auslegen. Die Biskuitmasse in einen Spritzbeutel mit Lochtülle Nr. 10 füllen und »Löffel« von 6 cm Länge auf die Papierstreifen spritzen. Mit Puderzucker besieben. Bei 180 °C im vorgeheizten Ofen 8 bis 10 Minuten backen. Die Biskuits vom Papier lösen. Für die Creme die Gelatine in kaltem Wasser einweichen. Die Eigelbe mit dem Zucker cremig rühren. Die Milch mit dem Vanillemark aufkochen und noch heiß nach und nach zu der Eigelbmischung gießen, dabei unentwegt rühren. Die Creme in einen Topf füllen und unter Rühren so lange erhitzen, bis sie auf dem Kochlöffel liegen bleibt, sie darf jedoch nicht kochen. Die Gelatine ausdrücken und in der heißen Creme auflösen. Durch ein Haarsieb in eine Schüssel passieren und auf Eiswasser kaltrühren. Die Sahne steif schlagen und unter die noch nicht feste Creme heben. Die Preiselbeeren verlesen, waschen und abtropfen lassen. Das Wasser mit Zucker, Zimtrinde und Nelke einige Minuten sprudelnd kochen, in einen Topf seihen und mit Orangenschale, Orangensaft und Preiselbeeren 3 bis 4 Minuten köcheln. Abkühlen lassen und abseihen. Sherry, Läuterzucker und Cognac miteinander vermischen. Die Makronen mit 1/3 der Mischung beträufeln und 10 Minuten ziehen lassen. Weiterverfahren, wie unten gezeigt. Die Sahne mit dem Zucker steif schlagen, in einen Spritzbeutel mit Lochtülle Nr. 12 füllen und auf die Löffelbiskuits tupfen. Mit den zerbröselten Makronen bestreuen. Aus den Schokoladeblättern, etwas Sahne und den restlichen Preiselbeeren eine Blüte formen.

Die Hälfte der getränkten Makronen in die Dessertschüssel legen. Darauf die Hälfte der Creme geben und verstreichen.

Eine Lage Löffelbiskuits auflegen und diese mit einem weiteren Drittel der Sherry-Cognac-Mischung beträufeln.

Die Preiselbeeren bis auf 1 Eßlöffel zugeben und gleichmäßig darauf verteilen. Die restliche Creme darauf verstreichen.

Die restlichen Makronen leicht in die Creme drücken und mit Löffelbiskuits abdecken. Mit der restlichen Flüssigkeit tränken.

BRITISCHE INSELN

Die Sahne spiralförmig um die gestürzte Kirsch-Joghurt-Creme spritzen und mit den gebackenen Hippenstückchen garnieren.

Kirsch-Joghurt-Mousse

FRUCHTIG-CREMIGER KERN, UMHÜLLT VON SAHNE UND KNUSPRIGEN HIPPENSTÜCKCHEN.

Eine interessante Kombination, und die Limettensauce sorgt mit ihrer fruchtigen Säure noch für die nötige Frische. Es lohnt sich, dieses Dessert zur Kirschsaison einmal auszuprobieren.

Für 6 Portionen
Für die Kirsch-Joghurt-Creme:
120 g Süßkirschen, 50 g Puderzucker
175 g Joghurt (3,5 % Fett)
3 cl Rotwein, 4 Blatt Gelatine
2 cl Kirschlikör, 1/8 l Sahne, steif geschlagen
Für die Hippenmasse:
90 g Zucker, 25 g Marzipanrohmasse, 1 Prise Zimt
1 Prise Salz, 1 Ei, 1 Eigelb, 75 g Mehl, 25 ml Sahne
Für die Limettensauce:
1 unbehandelte Limette, 80 ml Limettensaft
100 ml Weißwein, 100 g Zucker
Außerdem:
400 ml Sahne, 40 g Zucker
Puderzucker zum Besieben, 6 Süßkirschen

1. Die Kirschen waschen, entsteinen und mit dem Pürierstab pürieren. Das Kirschpüree mit Zucker und Joghurt verrühren. In einer Kasserolle den Rotwein erhitzen, die eingeweichte und gut ausgedrückte Gelatine vollständig darin auflösen und mit dem Likör in die Creme einrühren. Abkühlen lassen

Verführerisch umhüllt zeigt sich dieses Dessert von seiner besten Seite. Doch keine Angst, es ist weniger üppig, als der optische Eindruck vermuten läßt.

Hauchdünn gebacken soll der Hippenteig sein. Er wird noch heiß, sobald er aus dem Ofen kommt, mit einer Palette vom Blech gelöst und erst nach dem Abkühlen in Stücke gebrochen.

und die steifgeschlagene Sahne unterziehen. Die Creme in 6 Förmchen von je etwa 125 ml Inhalt füllen, 4 bis 5 Stunden im Kühlschrank fest werden lassen.

2. Für die Hippenmasse in einer Schüssel Zucker, Marzipan, Gewürze und das Ei gut verrühren, bis die Masse keine Klümpchen mehr hat. Das Eigelb unterrühren und das gesiebte Mehl einarbeiten.

BRITISCHE INSELN

Die Teigmasse durch ein feines Sieb streichen und zugedeckt 1 Stunde kühl ruhen lassen.

3. Herausnehmen und die Sahne erst jetzt unter die Teigmasse rühren. Ein Backblech mit Mehl bestauben und einen Teil der Hippenmasse hauchdünn darauf verstreichen. Bei 200 °C im vorgeheizten Ofen in 3 bis 5 Minuten hellbraun backen. Herausnehmen, noch warm vom Blech lösen, abkühlen lassen und in Stücke brechen. Auf diese Weise den restlichen Teig verarbeiten.

4. Für die Sauce die Limette gründlich waschen, die Schale in Streifen ablösen, die innere weiße Haut entfernen und in ganz dünne Streifen schneiden. Den Limettensaft durch ein Sieb gießen und mit Weißwein, Zucker und Limettenschale in einer Kasserolle zum Kochen bringen. 4 bis 5 Minuten einkochen und abkühlen lassen.

5. Die Sahne mit dem Zucker steif schlagen und in einen Spritzbeutel mit Lochtülle Nr. 10 füllen. Die Förmchen kurz bis knapp unter den Rand in heißes Wasser tauchen und die Creme auf Teller stürzen. Garnieren, wie links oben gezeigt. Mit Puderzucker besieben und in die Mitte eine Kirsche setzen. Etwas Limettensauce auf den Tellern verteilen und servieren.

BRITISCHE INSELN

Frische, reife Ananas verströmen einen intensiven Duft. Auf ihn sollte man beim Einkauf achten und lieber etwas wählerisch sein. Zwar teurer, dafür süß und aromatisch, sind die sogenannten »Flugananas«, die reif geerntet mit dem Flugzeug eingeflogen werden. Doch auch die kleinen Babyananas können schön süß sein.

Chocolate fudge tortlets

ZU DER CREMIGEN SÜSSE DER SCHOKOLADENTÖRTCHEN PASST AM BESTEN EINE FRUCHTIGE ANANASSAUCE.

Fudge – so heißen die cremigen, schweren Schokoladenfüllungen, die sich auf den britischen Inseln großer Beliebtheit erfreuen. In Kombination mit einer leichten Fruchtsauce wie hier wird ihre Üppigkeit jedoch wieder etwas abgemildert.

Für den Mürbteig:
130 g Mehl, 60 g weiche Butter, 1 Eigelb, 1/4 TL Salz
1 TL Zucker, 1 bis 2 EL Milch
Für die Schokoladenfüllung:
50 g Butter, 100 g Kuvertüre, 100 g Sahne
50 g Zucker, 1 Ei, 1 Eigelb, Mark 1/2 Vanilleschote
Für die Ananassauce:
400 g Ananasfruchtfleisch, 70 g Zucker
70 ml Wasser, 1/2 Vanilleschote, 2 cl Cognac
Außerdem:
8 Förmchen von 4 cm Durchmesser und 2 cm Höhe
getrocknete Linsen zum Blindbacken
1/8 l Sahne, 20 g Zucker, 20 g Schokoröllchen

1. Für den Mürbteig das Mehl auf die Arbeitsfläche sieben, in die Mitte eine Mulde drücken, die weiche Butter, das Eigelb, Salz, Zucker und die Milch hineingeben und mit der Hand verarbeiten. Das Mehl vom Rand schnell einarbeiten. Den Teig in Folie wickeln und 1 Stunde kühl stellen.

2. Den Teig auf einer bemehlten Arbeitsfläche dünn ausrollen. Die Förmchen damit auslegen, Ränder andrücken und den überstehenden Teig abschneiden. Linsen einfüllen und bei 200 °C im vorgeheizten Ofen 10 bis 15 Minuten »blindbacken«. Herausnehmen und mit einem Teelöffel die Linsen entfernen.

3. Für die Füllung Butter, Kuvertüre und Sahne in einer Schüssel auf einem Wasserbad erwärmen, bis die Butter und die Kuvertüre geschmolzen sind. In einer separaten Schüssel Zucker, Ei, Eigelb und Vanillemark mit dem Schneebesen cremig rühren und die Schokoladenmischung unterrühren. Die Masse in die vorgebackenen »tortlets« füllen. Bei 110 °C im vorgeheizten Ofen 20 bis 25 Minuten backen. Herausnehmen, etwas abkühlen lassen und aus den Förmchen lösen.

4. Für die Ananassauce 2/3 des Fruchtfleisches pürieren. Zucker mit Wasser und der Vanilleschote aufkochen. Die Vanilleschote herausnehmen, das Ananaspüree zufügen und 1 bis 2 Minuten mitkochen. Durch ein feines Sieb passieren. Das restliche Ananasfruchtfleisch in kleine Würfel schneiden, unter die Sauce mischen und nochmals aufkochen lassen. Den Cognac zugießen und die Sauce erkalten lassen.

5. Die Sahne mit dem Zucker steif schlagen und in einen Spritzbeutel mit Sterntülle füllen. Die Törtchen rosettenförmig damit verzieren. Mit Schokoröllchen garnieren und die Schokoladentörtchen mit der Ananasfruchtsauce anrichten.

BRITISCHE INSELN

Wenn die Quitten im Oktober unverwechselbar fein zu duften beginnen und in ihrer ganzen Pracht am Baum hängen, wird es Zeit für die Ernte und damit auch für dieses Dessert.

Quittentörtchen

SERVIERT MIT EINEM KLECKS SAHNE – IM HERBST EIN VORZÜGLICHES DESSERT.

Für den Mürbteig:
100 g Mehl, 50 g Butter, 40 g Puderzucker
1 Eigelb, 1 Messerspitze Salz
Für die Füllung:
1 kg Quitten, 5 EL Zitronensaft, 1/2 l Wasser
200 g Zucker, 1/2 Vanilleschote
1/8 l Weißwein, 8 Blatt weiße Gelatine
Außerdem:
4 Tortelettförmchen von 12 cm Durchmesser
Backpapier und Hülsenfrüchte zum Blindbacken
1/8 l Sahne
20 g Puderzucker
etwas gemahlener Zimt
20 g Schokoröllchen

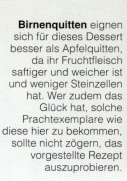

Birnenquitten eignen sich für dieses Dessert besser als Apfelquitten, da ihr Fruchtfleisch saftiger und weicher ist und weniger Steinzellen hat. Wer zudem das Glück hat, solche Prachtexemplare wie diese hier zu bekommen, sollte nicht zögern, das vorgestellte Rezept auszuprobieren.

1. Aus den angegebenen Zutaten einen Mürbteig herstellen. Dabei rasch arbeiten, damit er nicht zu warm wird. Den Teig in Folie wickeln und etwa 1 Stunde im Kühlschrank ruhen lassen.

2. Den Teig auf einer bemehlten Arbeitsfläche ausrollen und die Tortelettförmchen damit auslegen. Die Teigränder andrücken, überstehenden Teig abschneiden und den Teigboden mit einer Gabel mehrmals einstechen. Zurechtgeschnittenes Backpapier einlegen, Hülsenfrüchte einfüllen und die Tortelettböden 20 Minuten bei 180 °C im vorgeheizten Ofen »blindbacken«. Herausnehmen, Backpapier und Hülsenfrüchte entfernen und weitere 5 Minuten backen. Auskühlen lassen.

BRITISCHE INSELN

3. Die Quitten mit einem Tuch abreiben und mit einem Kartoffelschäler großzügig schälen. Das Kerngehäuse herausschneiden und das Fruchtfleisch in etwa 1,5 cm große Würfel schneiden. Sofort mit Zitronensaft beträufeln, damit sie nicht braun werden. Schalen und Kerngehäuse in einem großen Topf mit dem Wasser aufkochen und 25 Minuten leicht köcheln lassen. Den Inhalt portionsweise durch ein Tuch passieren, dabei die Flüssigkeit auffangen. In einem Topf mit den Quittenwürfeln, dem Zucker und der Vanilleschote köcheln, bis die Quitten weich, aber noch bißfest sind. Quittenwürfel herausnehmen, abtropfen lassen, dabei den Saft auffangen und erkalten lassen. Die Vanilleschote entfernen.

4. Den Weißwein zu dem Quittenkochsud gießen und alles auf etwa 1/2 l reduzieren. Die Gelatine in kaltem Wasser einweichen, gut ausdrücken und unter Rühren in der noch heißen Quittensaft-Wein-Mischung auflösen. Die Flüssigkeit bis kurz vor den Gelierpunkt abkühlen lassen. Die Quittenwürfel in die vorgebackenen Tortelettböden füllen und mit der gelierenden Flüssigkeit übergießen. Die Quittentörtchen im Kühlschrank festwerden lassen.

5. Die Törtchen aus den Formen lösen. Sahne und Puderzucker halbsteif schlagen. Einen Löffel Sahne auf die Törtchen geben, mit Zimt besieben. Mit Schokoröllchen verzieren und servieren.

BRITISCHE INSELN

Preiselbeer-Eissoufflé

EISKALT AUS DEM OFEN: ÜBERBACKENES EIS, WIE BEIM OMELETTE SURPRISE.

Für den Mürbteig:
100 g Mehl, 50 g Butter, grob gewürfelt
40 g Puderzucker, 1 Eigelb, 1 Prise Salz
Für das Vanilleeis:
4 Eigelbe, 100 g Zucker, 1/4 l Milch
1/8 l Sahne, 1/2 aufgeschlitzte Vanilleschote
Für die Preiselbeeren:
120 g Preiselbeeren, 30 g Zucker, 70 ml Rotwein
1 Stück Zimtstange, 2 Nelken
Für die Orangensauce:
200 ml frisch gepreßter Orangensaft
90 g Zucker, Schale von 1/2 unbehandelten Orange
3 cl Grand Marnier
Außerdem:
4 Tortelettförmchen von 12 cm Durchmesser
Backpapier und Hülsenfrüchte zum Blindbacken
10 Löffelbiskuits zum Füllen
6 cl Cognac und 6 cl Läuterzucker zum Tränken
4 Eiweiße und 160 g Zucker für das Baiser
20 g gehobelte, geröstete Mandelblättchen

1. Aus den angegebenen Zutaten einen Mürbteig herstellen. In Folie wickeln und 1 Stunde kühl ruhen lassen. Den Teig auf einer bemehlten Arbeitsfläche dünn ausrollen. Die Förmchen damit auslegen. Teigränder andrücken, überstehenden Teig abschneiden. Den Teigboden einstechen. Zurechtgeschnittenes Backpapier auflegen, Hülsenfrüchte einfüllen und den Teig bei 200 °C im

Zu den Eissoufflés paßt eine Orangensauce geschmacklich gut. Auch farblich bringt sie eine fröhliche Note. Zubereitet ist sie schnell: Den Orangensaft abseihen und mit Zucker und Orangenschalenstreifen etwa 3 bis 4 Minuten einkochen. Den Grand Marnier einrühren, erkalten lassen und über die Baiserhaube gießen.

BRITISCHE INSELN

vorgeheizten Ofen »blindbacken«. Hülsenfrüchte und Papier entfernen, den Teig erneut 5 Minuten backen. Die Törtchen aus den Förmchen lösen.

2. Für das Eis Eigelbe und Zucker cremig, aber nicht schaumig rühren. Milch und Sahne mit der Vanilleschote aufkochen. Die Schote entfernen, das anhaftende Mark in die Milch zurückstreifen, diese erneut aufkochen und unter die Eigelbmasse rühren. Die Mischung in einer Kasserolle unter ständigem Rühren erhitzen, bis sie beginnt, dickflüssig zu werden – kochen darf sie keinesfalls. Durch ein feines Sieb passieren, auf Eiswasser abkühlen lassen, dabei gelegentlich umrühren. Die kalte Creme in der Eismaschine frieren.

3. Die Preiselbeeren sorgfältig verlesen, waschen und abtropfen lassen. Zucker, Rotwein, Zimt und Nelken aufkochen, etwa 5 Minuten einkochen. Die Beeren weitere 5 Minuten darin köcheln. Abkühlen lassen, abseihen und ablaufen lassen.

4. Zerkleinerte Löffelbiskuits auf die Böden verteilen, mit einer Mischung aus Cognac und Läuterzucker tränken. Die Eiweiße steif schlagen, dabei den Zucker einrieseln lassen. Die Preiselbeeren auf die Biskuits verteilen, darauf 1 Eiskugel setzen. Den Eischnee mit einem Spritzbeutel (Lochtülle Nr. 12) spiralförmig um die Eiskugeln spritzen. Mit Mandelblättchen bestreuen. Unter dem vorgeheizten Grill 2 bis 3 Minuten überbacken.

HOLLAND

Holländische Landschaft, wie es typischer nicht geht. Flach, ein kleiner Bach, Bäume, Kühe, und im Hintergrund einige der unzähligen Windmühlen, die das Landschaftsbild Hollands prägen. Einige sind noch in Betrieb, andere wurden zu Wohnhäusern umgebaut.

Smoutebollen

KLEINE RUNDE KRAPFEN AUF HOLLÄNDISCH! MIT PUDERZUCKER BESIEBT, SOLLTEN SIE WARM VERZEHRT WERDEN.

Nicht nur als Dessert fungieren die »bollen«, sondern zum Nachmittagskaffee sind sie auch sehr beliebt. Oder eben zwischendurch, wenn nach einem Einkaufsbummel der Magen »knurrt«, kann man die »bollen« am Straßenstand erwerben. »Appelflappen« gibt es auch: das sind durch den Teig gezogene und ausgebackene Apfelringe. Also für jeden Geschmack etwas!

Für die Smoutebollen:
80 ml Milch
15 g frische Hefe
200 g Mehl
1 Ei
20 g Zucker
1 Prise Salz
100 ml helles Bier
25 g zerlassene Butter
Für die Sauce:
300 g Erdbeeren
3 cl Zitronensaft
80 g Zucker
2 cl Cognac
Außerdem:
Fett zum Ausbacken
Puderzucker zum Besieben

1. Für die Smoutebollen die Milch in einen Topf geben und lauwarm erhitzen. Die Hefe hineinbröckeln und darin auflösen. Das Mehl in eine Schüssel sieben. Die Hefemilch zugeben und sorgfältig miteinander

»Oliebollen« nennen die Holländer diese Teigkugeln auch, weil sie in Fett oder in heißem Öl ausgebacken werden. Wie bei vielen Desserts gibt es auch hier Variationen: Wer es fruchtiger mag, kann kleine Apfel- oder Ananasstücke in den Teig rühren oder auch Rosinen. Oder wie hier eine fruchtige Sauce zu den »bollen« reichen.

HOLLAND

verrühren. Das Ei trennen und das Eigelb mit dem Zucker, dem Salz, dem Bier und der zerlassenen Butter zur Mehl-Milch-Mischung geben und einarbeiten. Das Eiweiß zu steifem Schnee schlagen und vorsichtig unterheben. Den Teig mit einem Küchentuch abdecken und an einem warmen Ort gehen lassen, bis er das Doppelte seines Volumens erreicht hat.

2. Inzwischen für die Sauce die Erdbeeren putzen, waschen und gut abtropfen lassen. Die Hälfte der Erdbeeren mit dem Zitronensaft pürieren. Durch ein Sieb in eine Kasserolle passieren und mit dem Zucker kurz aufkochen. Die restlichen Erdbeeren in Stücke schneiden, zugeben und 1 bis 2 Minuten weiterkochen. Den Cognac einrühren und die Erdbeersauce erkalten lassen.

3. Die Friteuse auf 180 °C erhitzen. Mit einem Teelöffel vom Teig kleine Nocken abstechen, in das heiße Fett gleiten lassen und goldgelb ausbacken. Mit einem Schaumlöffel herausheben und auf Küchenpapier gut abtropfen lassen. Auf Teller anrichten und mit Puderzucker besieben. Die Sauce dazu reichen.

Mokka-Eissoufflé

DIESES EIS, LOCKER UND LUFTIG WIE EIN SOUFFLÉ, BILDET EINEN GUTEN KONTRAST ZU DEN HEISSEN SAUERKIRSCHEN.

Ein herb-fruchtiges Dessert, passend für alle Jahreszeiten. Denn außerhalb der Kirschsaison sind Sauerkirschen aus dem Glas eine gute Alternative. In diesem Fall genügt allerdings eine geringere Menge Zucker. Die Kirschen aus dem Glas durch ein Sieb schütten, den Saft dabei auffangen und diesen mit 80 g Zucker und 1 Messerspitze Zimt aufkochen. Mit der angerührten Speisestärke binden und die Kirschen kurz miterhitzen.

Für 6 Portionen
Für das Eissoufflé:
4 Eigelbe, 125 g Zucker
1/8 l gesüßter, starker Mokka
2 cl Mokkalikör (Tia Maria), 2 Eiweiße, 180 ml Sahne
Für das Kirschkompott:
500 g Sauerkirschen, 2 TL Speisestärke
100 ml Wasser, 150 g Zucker
etwa 5 cm Zimtrinde
Außerdem:
6 Souffléförmchen von 120 ml Inhalt
Pergamentpapier für die Förmchen
Kakaopulver zum Besieben

Zunächst die Souffléförmchen vorbereiten. Dafür jeweils Manschetten aus doppelt gefaltetem Pergamentpapier so zurechtschneiden, daß sie 4 bis 5 cm über den Rand der Souffléförmchen ragen. Die Manschetten um die Förmchen legen und oben und unten mit einem Klebestreifen zusammenhalten. Die Förmchen im Kühlschrank vorkühlen. Für das Mokka-Eissoufflé die Eigelbe in einer Schüssel mit der Hälfte des Zuckers cremig schlagen. Die Schüssel auf ein Wasserbad setzen und die Masse unter ständigem Rühren erhitzen, bis sie so dick ist, daß sie einen Löffel leicht überzieht. Vom Herd nehmen und den Mokka sowie den Likör einrühren. In eine weite Schüssel umfüllen und im Kühlschrank erkalten lassen. Das Eiweiß steif schlagen, dabei den restlichen Zucker nach und nach einrieseln lassen und den Eischnee mit dem Schneebesen vorsichtig unter die Eigelbmasse heben. Die Sahne steif schlagen und vorsichtig mit einem Holzlöffel unterziehen. Weiterverfahren, wie im ersten Bild unten gezeigt. Die Förmchen mit dem Eissoufflé in das Gefriergerät stellen und über Nacht frieren lassen. Für das Kirschkompott die Sauerkirschen waschen und entsteinen. Die Speisestärke mit etwas Wasser anrühren. Das restliche Wasser in einer Kasserolle mit dem Zucker und der Zimtrinde aufkochen und mit der angerührten Speisestärke binden. Die Kirschen 3 bis 4 Minuten darin mitkochen. Das Mokka-Eissoufflé vorbereiten, wie im zweiten Bild unten gezeigt und die Sauerkirschen heiß separat dazureichen.

Die Eissoufflémasse in die vorbereiteten, gekühlten Souffléförmchen füllen – etwa 1 cm bis über deren Rand hinaus – und die Oberfläche glattstreichen.

Erst unmittelbar vor dem Servieren die Förmchen mit dem Eissoufflé aus dem Gefrierschrank nehmen, mit Kakaopulver besieben und die Manschetten entfernen.

BELGIEN

An unzähligen Waffelständen kann man sich in Belgien – vor allem in den größeren Städten wie Brüssel oder Lüttich – zwischendurch eine kleine süße Leckerei gönnen.

Waffeln mit Stachelbeeren und Vanilleeis

KLEINE WAFFELN – »GAUFRETTES« AUF FRANZÖSISCH –, EIS UND FRÜCHTE: EIN KÖSTLICHES DESSERT!

Bei Waffeln kennt die Phantasie der Belgier keine Grenzen. Langweilig wird es jedenfalls nie: Die unterschiedlichsten Waffeln – mal locker-luftig und weich, mal klein und knusprig – werden mit Früchten, Sahne oder Eis serviert, oder auch ganz pur, nur mit Puderzucker bestaubt, gegessen.

Für das Vanilleeis:
4 Eigelbe, 80 g Zucker
1/4 l Milch, 1/8 l Sahne
1/2 Vanilleschote
Für das Stachelbeerkompott:
500 g Stachelbeeren, 120 g Zucker
100 ml Weißwein
100 ml Wasser
1/2 Vanilleschote
1 Stück unbehandelte Zitronenschale
Für den Waffelteig:
100 g Mehl, 150 ml Sahne
2 Eigelbe
1 Messerspitze gemahlene Nelken
1 Messerspitze gemahlener Zimt
Mark von 1/2 Vanilleschote
1 TL abgeriebene Zitronenschale
30 g zerlassene Butter, 3 Eiweiße
1 Prise Salz, 60 g Zucker
Außerdem:
1 rechteckiges Waffeleisen
3 EL Öl zum Ausfetten
Puderzucker zum Besieben
20 g gehobelte, geröstete Mandelblättchen
Zitronenmelisseblättchen zum Garnieren

1. Für das Vanilleeis die Eigelbe mit dem Zucker in einer Schüssel cremig, aber nicht schaumig rühren. Die Milch mit der Sahne und der aufgeschlitzten Vanilleschote in einem Topf aufkochen. Die Schote herausnehmen und das noch anhaftende Vanillemark in die Milch zurückstreifen. Diese erneut aufkochen und noch heiß unter die Eigelbmasse rühren. In eine Kasserolle umfüllen, erhitzen, dabei ununterbrochen mit dem Holzspatel rühren, bis die Creme dickflüssig zu werden beginnt. Vorsicht, sie darf keinesfalls kochen. Die Creme durch ein feines Sieb passieren, auf Eiswasser abkühlen lassen, dabei gelegentlich umrühren. Die kalte Creme in der Eismaschine frieren.

Knusprige Waffeln sind zu Eis sehr begehrt. Wer sie selber bäckt, kann sie ganz frisch und noch warm servieren. So schmecken sie einfach am besten!

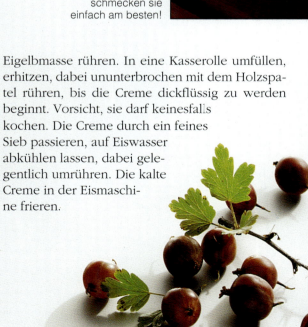

BELGIEN

2. Für das Kompott die Stachelbeeren putzen, waschen und gut abtropfen lassen. Den Zucker mit dem Weißwein, dem Wasser, der aufgeschlitzten Vanilleschote und der Zitronenschale in einem Topf aufkochen, um 1/3 reduzieren und durch ein Sieb passieren. Die Stachelbeeren zufügen und alles nochmals 1 bis 2 Minuten kochen. Vom Herd nehmen und abkühlen lassen.

3. Für den Waffelteig das Mehl in eine Schüssel sieben. Sahne, Eigelbe und Gewürze zufügen und alles gut miteinander verrühren. Die zerlassene Butter einrühren. Die Eiweiße mit dem Salz steif schlagen, den Zucker nach und nach einrieseln lassen. Etwa 1/3 des Eischnees unter den Teig rühren, den restlichen Eischnee unterheben.

4. Das Waffeleisen auf Stufe 3,5 anheizen. Die Innenflächen gut mit Öl bestreichen und die Waffeln portionsweise backen. Dafür jeweils 2 EL Teig auf das heiße Waffeleisen gießen, das Waffeleisen schließen und die Waffeln hellbraun backen. Je nach Temperatur des Waffeleisens dauert das 4 bis 5 Minuten.

5. Die fertigen Waffeln in die vorgegebenen Segmente teilen und mit Puderzucker besieben. Aus dem Vanilleeis mit dem Eisportionierer Kugeln ausstechen. Jeweils 1 Kugel mit 2 Waffelstücken und etwas Stachelbeerkompott auf Teller anrichten. Das Eis mit Mandelblättchen bestreuen und das Dessert, garniert mit einem Melisseblättchen, sofort servieren.

Beerenkaltschale mit Schneeklößchen

DER ROTEN GRÜTZE ENG VERWANDT, IST DIE BEERENKALTSCHALE EIN TYPISCH SKANDINAVISCHES DESSERT.

Hoch im Norden sind Desserts aus frischen, reifen Beeren sehr beliebt, in Schweden genauso wie in Dänemark. Optisches Highlight sind bei diesem Rezept die auf dunkelrotem Grund schwimmenden weißen Klößchen aus Eischnee. Geschmacklich ergänzt die herbe, mit Rotwein zubereitete Preiselbeersauce die süßen Beeren ideal. Sitzen Kinder mit am Tisch, kann der Rotwein selbstverständlich durch Wasser oder, noch besser, durch Fruchtsaft ersetzt werden. Johannisbeersaft oder Himbeersaft bieten hier, je nach Geschmack, eine gute Alternative.

Für die Beerenkaltschale:
200 g Preiselbeeren
250 g Blaubeeren
250 g Brombeeren
125 g Himbeeren
300 ml Rotwein
130 g Zucker, 2 Nelken
1 Stück Zimtrinde (etwa 5 cm)
1 EL Zitronensaft
Mark von 1/2 Vanillestange
1/2 TL Speisestärke
Für die Schneeklößchen:
4 Eiweiße
140 g Zucker

Für die Kaltschale zunächst die Beeren verlesen. Blaubeeren und Brombeeren waschen, abtropfen lassen und bis zur weiteren Verwendung beiseite stellen. Die Himbeeren nur waschen, wenn unbedingt nötig. Die Preiselbeeren ebenfalls waschen und abtropfen lassen. In einem Topf mit dem Rotwein, dem Zucker, den Nelken, dem Zimt und dem Zitronensaft aufkochen, die Hitze reduzieren und die Preiselbeeren 10 bis 15 Minuten köcheln lassen. Zimtrinde und Nelken entfernen und die Preiselbeeren im Mixer pürieren. Das Mus durch ein feines Sieb passieren, dabei den Preiselbeersaft in einer Kasserolle auffangen und erhitzen. Die Blaubeeren, Brombeeren und Himbeeren sowie das Vanillemark darin etwa 4 Minuten köcheln lassen. Die Speisestärke mit wenig Wasser anrühren, unter die Beeren mischen und alles nochmals aufkochen. Vom Herd nehmen, die Beerenmischung auf 4 Teller verteilen und kühl stellen. In der Zwischenzeit die Eiweiße für die Schneeklößchen zu steifem Schnee schlagen, dabei nach und nach den Zucker einrieseln lassen. In einem entsprechend großen Topf genügend Wasser zum Kochen bringen. Einmal aufkochen lassen, anschließend die Hitze reduzieren. Das Wasser sollte immer knapp unter dem Siedepunkt gehalten werden. Von dem Eischnee Nocken abstechen und auf dem Wasser garziehen lassen, wie in den beiden Bildern unten gezeigt. Die Teller mit der Beerenkaltschale aus dem Kühlschrank nehmen, jeweils 2 Schneeklößchen auf die Oberfläche setzen und servieren.

Vom Eischnee mit 2 Eßlöffeln Nocken abstechen, zu Klößchen formen und vorsichtig in das heiße Wasser gleiten lassen. Von der einen Seite in 2 bis 3 Minuten garziehen lassen.

Die Schneeklößchen vorsichtig mit einem Löffel wenden und von der anderen Seite ebenfalls in 2 bis 3 Minuten garziehen lassen. Mit einem Schaumlöffel herausheben.

Buchweizen-Blinis mit Quarkfüllung

DIE RUSSISCHE KÜCHE KENNT EINE VIELZAHL VON BLINIS, HERZHAFT ODER SÜSS.

Nach alter Tradition gehören Blinis zur »Masleniza«, der »Butterwoche«, in der dem scheidenden Winter und dem herannahenden Frühling gedacht wird. In dieser Zeit wird kein Fleisch verzehrt, weshalb Blinis ideenreich mit anderen Zutaten kombiniert werden. Dieses Rezept ist ein einfaches, doch raffiniertes Dessert.

Für den Teig:
100 g Buchweizenmehl
50 g Mehl, 5 g Hefe
1/8 l lauwarmes Wasser, 1/8 l Milch
10 g zerlassene Butter, 1 Ei
1 Prise Salz, 1 Prise Zucker
Für die Quarkfüllung:
3 Eigelbe, 50 g Zucker
abgeriebene Schale von 1 unbehandelten Zitrone
1 EL Zitronensaft
250 g Quark, 1/8 l Sahne
Für das Himbeerkompott:
100 ml Orangensaft, 1/4 l Rotwein
1 Stück Zimtrinde (etwa 5 cm)
100 g Zucker, 400 g Himbeeren
2 cl Himbeergeist
abgeriebene Schale von 1/2 unbehandelten Orange
Außerdem:
Öl oder Butterschmalz zum Ausbacken
Zitronenmelisseblättchen zum Garnieren
Orangenzesten zum Garnieren

Für den Teig die Hälfte des Buchweizenmehls in einer Schüssel mit dem Mehl, der Hefe und dem lauwarmen Wasser verrühren und 15 Minuten

Die feine Quarkfüllung zergeht förmlich auf der Zunge und verbindet sich geschmacklich aufs beste mit dem leicht säuerlichen Himbeerkompott.

Das Butterschmalz in einer schweren Pfanne erhitzen, am besten eignet sich dafür eine Pfanne aus Gußeisen. Je 1 Eßlöffel des Teiges in das heiße Fett gleiten lassen und die Blinis von beiden Seiten goldgelb backen. Herausnehmen und auskühlen lassen.

RUSSLAND

gehen lassen. Die Milch aufkochen und das restliche Buchweizenmehl damit übergießen, abkühlen lassen und unter den Teig arbeiten. Erneut 15 Minuten gehen lassen. Die zerlassene Butter, das Ei, Salz und Zucker unterrühren und nochmals etwa 30 Minuten gehen lassen. Für die Füllung die Eigelbe mit dem Zucker, der Zitronenschale und dem Zitronensaft in einem Topf mit einem Schneebesen cremig rühren. Unter Rühren mit einem Holzspatel so lange erhitzen, bis die Masse dickflüssig wird, sie darf keinesfalls kochen. Etwas abkühlen lassen. Den Quark in einer Schüssel glattrühren und die leicht abgekühlte Eigelbmasse einrühren. Die Sahne steif schlagen und unterheben. Für das Kompott den Orangensaft abseihen und mit dem Rotwein, der Zimtrinde und dem Zucker um etwa die Hälfte einkochen. Die Himbeeren zugeben und 1 Minute mitköcheln lassen. Den Himbeergeist und die Orangenschale untermischen. Aus dem Teig kleine Blinis backen, wie in der Bildfolge links gezeigt. Je 2 Blinis mit der Quarkcreme füllen. Auf Tellern mit dem heißen Himbeerkompott anrichten. Mit Melisseblättchen und Orangenzesten garnieren und servieren.

TSCHECHIEN

Ausgereifte und aromatische Zwetschgen sind die Basis von Powidl, dem Zwetschgenmus, das es bereits fertig zu kaufen gibt. Es darf allerdings nicht zu wässrig sein und sollte, sofern dies der Fall ist, lieber noch ein paar Minuten eingekocht werden.

Powidltascherln

EINE SPEZIALITÄT DER BÖHMISCHEN KÜCHE: DIE BERÜHMTEN, MIT ZWETSCHGENMUS GEFÜLLTEN TASCHEN ODER »TATSCHKERLN«.

Powidltascherln aus Erdäpfelteig werden nach dem Kochen in einer »Polonaise« gewälzt. Das hat jedoch weniger mit Tanzen als vielmehr mit Geschmack zu tun: Denn umhüllt von gerösteten Semmelbröseln und beträufelt mit leicht gebräunter Butter schmecken sie einfach am besten.

Für den Teig:
500 g mehligkochende Kartoffeln
50 g weiche Butter
50 g Weizengrieß
1 leicht gehäufter TL Salz
1 Ei, 100 g Mehl
Für die Füllung:
125 g Powidl (Zwetschgenmus)
1/4 TL gemahlener Zimt, 1 cl Rum
Für die Polonaise:
60 g Butter
100 g Semmelbrösel
Außerdem:
1 Eigelb zum Bestreichen
Puderzucker zum Besieben
leicht gebräunte Butter zum Beträufeln

1. Die Kartoffeln waschen, in Alufolie wickeln und bei 200 °C im vorgeheizten Ofen 1 Stunde backen. Herausnehmen und die Kartoffeln noch warm aufbrechen, mit einem Löffel aus der Schale lösen und durch die Kartoffelpresse kranzförmig auf eine Arbeitsfläche drücken. In die Mitte die weiche Butter, den Grieß, das Salz und das Ei hineingeben. Mit der Hand etwas verarbeiten und das Mehl darübersieben. Alles zu einem glatten Teig verkneten. Sollte der Teig noch zu weich sein, etwas Mehl zugeben. Den Teig 1/4 Stunde ruhen lassen.

2. Den Teig auf einer bemehlten Arbeitsfläche etwa 3 mm dick ausrollen und mit einem runden, glatten Ausstecher Plätzchen von 7,5 cm Durchmesser ausstechen.

3. Den Powidl mit Zimt und Rum anrühren. Jeweils 1/2 TL der Füllung in die Mitte der Plätzchen setzen. Die Ränder mit Eigelb bestreichen und die Plätzchen auf die Hälfte zu »Tascherln« zusammenklappen. Den Rand jeweils mit Daumen und Zeigefinger gut zusammendrücken, damit beim Kochen keine Füllung austreten kann.

4. Die Powidltascherln in kochendes Salzwasser einlegen. Nachdem sie an die Oberfläche gestiegen sind, weitere 10 Minuten ziehen lassen.

5. In der Zwischenzeit eine Polonaise bereiten. Dafür in einem Pfännchen die Butter zerlassen und die Brösel darin leicht anbräunen.

6. Die Tascherln aus dem Wasser nehmen, kalt abschrecken und gut abtropfen lassen. Die Powidltascherln in der Polonaise wälzen, auf Tellern anrichten, mit Puderzucker besieben und mit etwas leicht gebräunter Butter beträufeln. Dazu paßt übrigens hervorragend selbstgemachtes Apfelmus.

Grießstrudel mit Mohn

EIN PARADEBEISPIEL DER ÜBERAUS VIELFÄLTIGEN BÖHMISCHEN MEHLSPEISENKÜCHE.

Für den Strudelteig:
150 g Mehl, 1 Eigelb, 1 gestrichener TL Salz
2 cl Öl, 60 bis 80 ml Wasser
Für die Füllung:
150 g gemahlener Mohn, 60 g Zucker 100 ml Rotwein
130 g Butter, 1 EL Honig, 4 Eigelbe
30 g Aprikosenkonfitüre
abgeriebene Schale von 1/2 Zitrone
Mark von 1/2 Vanilleschote
1 Messerspitze Salz, 150 g Weizengrieß
180 g saure Sahne, 2 Eiweiße
50 g zerlassene Butter und 1 Eiweiß zum Bestreichen
Für die Johannisbeeren:
1/4 l Rotwein, 80 g Zucker
Saft von 1 Orange, 400 g Johannisbeeren
Außerdem:
100 g Semmelbrösel, 75 g Butter, 20 g Zucker

Für den Teig das Mehl auf die Arbeitsfläche sieben, in die Mitte eine Mulde drücken, Eigelb, Salz und Öl hineingießen. Mit der Hand verrühren, dabei nach und nach das Wasser zugießen, bis der Teig die richtige Konsistenz hat. Er darf nicht zu fest, sondern sollte geschmeidig sein, damit er sich gut ausziehen läßt. Den Teig kräftig durchkneten, bis er schön glatt ist. Zur Kugel formen, auf ein mit Mehl bestaubtes Brett legen, die Oberfläche mit etwas Öl bestreichen und 1/2 Stunde ruhen lassen. Für die Füllung Mohn, 30 g Zucker,

Zu Grießstrudel paßt auch »Zwetschkenröster«, die Säure der Johannisbeeren jedoch bildet einen angenehmen Kontrast zur Süße des Strudels. Dafür den Wein zur Hälfte einkochen, Zucker und Saft einrühren, aufkochen. Die Johannisbeeren darin weich dünsten.

Den hauchdünn ausgezogenen Strudelteig mit zerlassener Butter bestreichen. Die Grießmasse in 8 Portionen teilen.

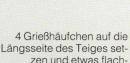

4 Grießhäufchen auf die Längsseite des Teiges setzen und etwas flachstreichen. Je 1 Streifen Mohnfüllung aufspritzen.

Die Seitenränder, den oberen freien Rand und, über die gesamte Breite des Teiges, die Zwischenräume der Grieß-Mohn-Häufchen mit Eiweiß bestreichen. Das Tuch anheben und den Strudel von der Längsseite aufrollen. Mit einem Kochlöffel den Strudel jeweils an den Zwischenräumen eindrücken und in 4 Teile schneiden. Die Enden gut festdrücken, damit keine Füllung austritt. Mit der 2. Hälfte des Strudelteiges ebenso verfahren.

TSCHECHIEN

Wein und 30 g Butter aufkochen, die Hitze reduzieren und 5 Minuten quellen lassen. Auskühlen lassen. Honig, 1 Eigelb, Konfitüre und Gewürze einrühren. Die Masse in einen Spritzbeutel mit Lochtülle füllen. Die restliche Butter mit dem Salz schaumig rühren. Nacheinander die übrigen 3 Eigelbe unterarbeiten. Den Grieß nach und nach untermischen, die saure Sahne einrühren. Die Eiweiße zu steifem Schnee schlagen, dabei den restlichen Zucker einrieseln lassen. Den Eischnee vorsichtig unter die Grießmasse heben. Den Strudelteig halbieren. Die 1. Hälfte auf einem großen, mit Mehl bestaubten Tuch der Länge und Breite nach so weit wie möglich ausrollen. Anschließend von Hand auf eine Größe von 30 x 56 cm ausziehen. Dafür greift man unter den Teig und zieht ihn nach und nach von der Mitte nach außen, bis er hauchdünn ist. Weiterverfahren wie links gezeigt. Die gefüllten Strudel in knapp unter dem Siedepunkt gehaltenes Salzwasser legen und von jeder Seite 8 bis 10 Minuten garen. In der Zwischenzeit für die Brösel die Butter zerlassen, die Semmelbrösel darin hellbraun anschwitzen und den Zucker untermischen. Die fertigen Grießstrudel mit einem Schaumlöffel herausheben, abtropfen lassen, mit den Bröseln dicht bestreuen. Die Strudel nach Belieben mit Puderzucker bestauben und mit den Johannisbeeren anrichten.

Gebackene Holunderblüten

EINE SPEZIALITÄT AUS SÜDDEUTSCHLAND – SERVIERT MIT EINEM LUFTIGEN CHAMPAGNERSABAYON.

Den aparten Geschmack von Holunder muß man mögen, doch dann sind die »Holderküchle« eine wahre Delikatesse. Saison hat dieses Dessert im Frühsommer, wenn der Holunder in voller Blüte steht. Beim Pflücken der weißen Dolden darauf achten, daß der Busch möglichst weit weg von vielbefahrenen Straßen steht. Waschen sollte man die Blüten allerdings trotzdem. Zwar beeinträchtigt dies den Geschmack etwas, weil dadurch der Blütenstaub verloren geht, doch ist es dennoch empfehlenswert, da sich meist allerhand kleines Getier in den großen Blütendolden verbirgt.

Für 4 bis 6 Portionen
Für den Ausbackteig:
200 g Mehl
100 ml Milch
120 ml leichter Weißwein
2 Eigelbe, 1 Messerspitze Salz
Abgeriebene Schale von 1 unbehandelten Zitrone
2 Eiweiße
Für das Champagnersabayon:
4 Eigelbe, 150 g Zucker, 1 Prise Salz
Mark von 1/2 Vanilleschote
1/4 l Champagner
Außerdem:
12 voll aufgeblühte Holunderblüten
Fett zum Ausbacken
Puderzucker zum Besieben

Die Holunderblüten vorsichtig unter fließendem kalten Wasser waschen. Den Eischnee vorsichtig unter den Ausbackteig heben und diesen etwa 20 Minuten quellen lassen. Die trockenen Holunderblüten am Stiel anfassen und in den Teig tauchen. Herausheben, etwas von dem Teig ablaufen lassen und sofort im 180 °C heißen Fett in etwa 2 Minuten goldbraun ausbacken. Herausnehmen und abtropfen lassen.

DEUTSCHLAND

Die Holunderblüten waschen, wie im ersten Bild links gezeigt, und gut abtropfen lassen. Für den Ausbackteig in einer entsprechend großen Schüssel das gesiebte Mehl mit der Milch und dem Weißwein verrühren. Die Eigelbe, das Salz, die Zitronenschale und den Zucker unterrühren. Die Eiweiße zu steifem Schnee schlagen und weiterverfahren, wie im mittleren Bild links gezeigt. Während der Teig ausquillt, das Champagnersabayon zubereiten. Dafür in einer Schüssel die Eigelbe mit dem Zucker, dem Salz und dem Vanillemark cremig rühren, aber nicht schlagen. Die Schüssel auf ein Wasserbad setzen, dabei darf der Boden der Schüssel den heißen Topfboden nicht berühren. Den Champagner zugießen, dabei ständig weiterrühren. Das Wasserbad soll nicht mehr kochen, sondern gerade unter dem Siedepunkt gehalten werden. Die Creme mit dem Schneebesen kräftig schlagen, bis sie schaumig wird und das doppelte Volumen erreicht hat. Das Champagnersabayon ist fertig, wenn es schaumig vom Löffel fällt. So lange das Sabayon etwas abkühlt, die Holunderblüten ausbacken, wie gezeigt. Traditionell nimmt man als Fett dafür Butterschmalz. Die ausgebackenen Holunderblüten mit Puderzucker besieben und mit einem guten Löffel lauwarmem Champagnersabayon auf Teller anrichten. Sofort servieren.

Knusprige »Holderküchle« gibt's nur ganz kurz, zur Zeit der Holunderblüte im Frühsommer, deshalb rechtzeitig an die »Ernte« denken.

DEUTSCHLAND

Beerenkompott mit Creme-Windbeuteln

EINE SOMMERLICHE KOMPOSITION IN ROT: HIMBEEREN, ROTE STACHELBEEREN UND JOHANNISBEEREN.

Für die nötige Bindung des fruchtig-säuerlichen Kompotts sorgt frisches Erdbeerpüree. Und ein gefüllter Windbeutel aus Brandteig – dem einzigen Teig, der zweimal gegart wird – setzt dem Ganzen noch die Krone auf.

Für den Brandteig:
250 g Mehl, 1/4 l Wasser, 100 g Butter
1 Messerspitze Salz, 5 bis 6 Eier
Für die Creme:
60 g Zucker, 20 g Speisestärke, 2 Eigelbe
1/4 l Milch, Mark von 1/4 Vanilleschote
Puderzucker zum Besieben
Für das Beerenkompott:
150 g Himbeeren, 150 g rote Johannisbeeren
150 g weiße Johannisbeeren, 200 g Erdbeeren
150 g rote Stachelbeeren
100 ml Weißwein, 40 g Zucker
Außerdem:
Puderzucker zum Besieben, Butter für das Blech

1. Das Mehl auf ein Stück Papier sieben. In einer Kasserolle Wasser, Butter und Salz unter Rühren einmal aufkochen lassen. Das Mehl auf einmal zuschütten, dabei ununterbrochen kräftig weiterrühren. Die Masse bei mittlerer Hitze ständig in Bewegung halten, das Mehl sorgt nun für die Bindung. So lange weiterrühren, bis sich die Masse als Kloß vom Topf löst und eine weiße Haut den Boden überzieht.

2. In eine Schüssel umfüllen und die Masse etwas abkühlen lassen. 1 Ei zugeben und rühren, bis es sich völlig mit dem Rest verbunden hat. Auf diese Weise nacheinander alle Eier unterrühren. Der Teig soll glatt und glänzend sein und weich vom Löffel fallen. In einen Spritzbeutel mit Sterntülle Nr. 9 füllen. Auf ein leicht gefettetes Blech Windbeutel spritzen, dabei genügend Abstand einkalkulieren, da sie beim Backen stark aufgehen. Bei 220 °C im vorgeheizten Ofen 15 bis 20 Minuten backen. 4 Windbeutel noch heiß quer halbieren und auskühlen lassen. Die restlichen Windbeutel lassen sich gut einfrieren und später wieder aufbacken.

3. Für die Creme in einer Schüssel die Hälfte des Zuckers mit der Speisestärke, den Eigelben und 1/4 der Milch gut verrühren. Die restliche Milch mit dem Vanillemark zum Kochen bringen. Die Stärkemischung erneut durchrühren, langsam in die kochende Vanillemilch gießen, unterrühren und unter ständigem Rühren mehrmals aufwallen lassen. In eine Schüssel umfüllen, die Oberfläche der Creme mit Puderzucker besieben und erkalten lassen. Durch ein feines Sieb streichen und mit dem Schneebesen kräftig durchrühren.

4. Für das Kompott die Himbeeren verlesen. Die restlichen Beeren waschen und gut abtropfen lassen. Johannisbeeren abzupfen. Die Erdbeeren putzen, fein pürieren und durch ein Sieb streichen. Das Erdbeerpüree mit Weißwein und Zucker aufkochen, die übrigen Beeren zufügen, einmal aufkochen und abkühlen lassen.

5. Die Creme mit einem Spritzbeutel mit Sterntülle in die Windbeutel spritzen. Die gefüllten Windbeutel mit dem Beerenkompott anrichten und leicht mit Puderzucker bestauben.

Grießflammeri mit herbstlichem Kompott

DURCH SEINE KONSISTENZ LÄSST SICH DER GRIESS-FLAMMERI IN VIELERLEI FORMEN HÜBSCH SERVIEREN.

Vor 1910 war die Welt noch in Ordnung. Da hieß ein Flammeri noch Flammeri und niemand kam auf die Idee, ein gestürztes Dessert, das die Quellfähigkeit von Getreide oder einem anderen Bindemittel in heißer Flüssigkeit nutzt, als Pudding zu bezeichnen. Dies änderte sich schlagartig, als ein neuartiges »Puddingpulver« auf den Markt kam, das im ersten »Oetker'schen Schulkochbuch« vorgestellt wurde. Seither werden Flammeris umgangssprachlich meist als Pudding bezeichnet. Während aber ein Flammeri beim Abkühlen fest wird, erhält der Pudding seine Festigkeit im heißen Wasserbad.

Für das Kompott:
250 g Quitten, 250 g Kürbis
1 gestrichener TL Speisestärke
200 ml Apfelsaft, 300 ml Weißwein, 90 g Zucker
1/2 Vanilleschote, 2 Nelken, etwa 5 cm Zimtrinde
Abgeriebenes und Saft 1/2 unbehandelten Zitrone
je 250 g Birnen und kleine Äpfel, geschält, in Achtel
2 Feigen (je etwa 80 g), geschält, in Achtel

Ein Kompott, mit Wein verfeinert, paßt ideal zum Grießflammeri. In diesem Fall ist es ein Weißwein. Bei dunklen Fruchtmischungen empfiehlt sich dagegen ein Rotwein.

DEUTSCHLAND

Für den Grießflammeri:
1/4 l Milch, Schale von 1/2 unbehandelten Orange
1/2 Vanilleschote, 40 g Grieß, 50 g Zucker
1 Prise Salz, 1 1/2 Blätter weiße Gelatine, 1/4 l Sahne
Außerdem:
6 Förmchen von je etwa 120 ml Inhalt
Pfefferminzblättchen zum Garnieren

1. Von den Quitten den Flaum abreiben, schälen, das Kerngehäuse entfernen und das Fruchtfleisch grob würfeln. Vom Kürbis die Kerne entfernen, aus dem Fruchtfleisch Kugeln ausstechen.

2. Die Stärke mit etwas Apfelsaft anrühren. Wein, Apfelsaft, Zucker, Gewürze und Zitronenschale und -saft aufkochen. Quitten und Kürbis darin 8 Minuten köcheln, dann Birnen und Äpfel weitere 4 Minuten mitkochen. Das Kompott mit der angerührten Stärke binden, einmal aufkochen. Die Feigen untermischen. Auskühlen lassen.

3. Für den Flammeri Milch, Orangenschale und Vanilleschote aufkochen. Durch ein feines Sieb passieren, in den Topf zurückgießen und zum Sieden bringen. Den Grieß unter ständigem Rühren einrieseln lassen, Zucker und Salz zufügen und bei geringer Hitze weiterkochen, bis die Masse leicht andickt, gelegentlich umrühren. Die eingeweichte und gut ausgedrückte Gelatine unterrühren. Auf Eiswasser kaltrühren. Die Sahne steif schlagen und unterheben. Den Flammeri in Förmchen füllen und im Kühlschrank fest werden lassen. Dann kurz in heißes Wasser halten, auf Teller stürzen, mit Kompott und Pfefferminze anrichten.

DEUTSCHLAND

Mit flüssiger Schokolade läßt es sich in Patisserie und Confiserie äußerst kreativ arbeiten. Sie muß nur die richtige Temperatur (zwischen 30 und 33 °C) haben, damit sie sich optimal handhaben läßt.

Geeiste Schokoladenmousse

AUF BISKUITBODEN – EIN DESSERT VON ZARTSCHMELZENDER KONSISTENZ, SERVIERT MIT ERFRISCHENDER MANDARINENSAUCE.

Den Biskuit kann man übrigens gut fertig gebacken kaufen. Er muß dann nur in 1 cm starke Scheiben geschnitten und ausgestochen werden.

Für 8 Portionen
Für die Biskuitmasse:
3 Eier, 65 g Zucker, Mark von 1/2 Vanilleschote
1 Prise Salz, 50 g Mehl, 50 g Speisestärke
15 ml Milch, 15 ml Öl
Für die dunkle Mousse:
200 ml Sahne, 100 g bittere Kuvertüre, gehackt
20 g Butter, 2 cl Grand Marnier, 2 Eigelbe
Für die helle Mousse:
230 ml Sahne, 150 g Milch-Kuvertüre, gehackt
25 g Butter, 2 cl Grand Marnier, 2 Eigelbe
Außerdem:
Backpapier für das Blech
8 Ringe von 7,5 cm Durchmesser und 3 cm Höhe
5 unbehandelte Mandarinen, 60 g Zucker
150 g Joghurt

1. Für die Biskuitmasse Eier, Zucker, Vanillemark und Salz aufschlagen. Das Mehl mit der Speisestärke mischen, sieben und unter Rühren in die Eimasse einrieseln lassen. Die Milch und das Öl auf 50 °C erwärmen und einmelieren. Die Biskuitmasse auf ein mit Backpapier belegtes Blech 8 mm stark aufstreichen. Bei 200 °C im vorgeheizten Ofen in 10 bis 12 Minuten hell backen. Herausnehmen und auf ein mit Zucker bestreutes Pergamentpapier stürzen. Mit einem Ring 8 Böden von 7,5 cm Durchmesser ausstechen.

2. Für die dunkle Mousse die Hälfte der Sahne in einem kleinen Töpfchen aufkochen, vom Herd ziehen, Kuvertüre, Butter und Grand Marnier einrühren. Auf Raumtemperatur abkühlen lassen. Die restliche Sahne halbsteif schlagen. Die Eigelbe schaumig schlagen, unter die Kuvertüre rühren, die Sahne unterheben. Die helle Mousse auf die gleiche Weise zubereiten.

3. Die Ringe (entweder man verwendet im Handel zu kaufende Metallringe oder man stellt aus starker Plastik- oder doppelt gelegter Alufolie selbst welche her) auf ein Blech setzen. Die dunkle Mousse in einen Spritzbeutel mit großer Lochtülle füllen und die Mousse bis zur halben Höhe in die Ringe spritzen. Den Spritzbeutel säubern und die helle Mousse einfüllen. Die Tülle in die dunkle Mousse stecken und die helle Mousse einspritzen, dabei langsam nach oben ziehen. Einfacher geht es, die helle Mousse mit einem Eßlöffel auf die dunkle Mousse zu setzen; allerdings wird das Ergebnis dann nicht ganz so exakt. Die gefüllten Ringe mit den ausgestochenen Biskuitböden abdecken und die Törtchen tiefkühlen.

4. Zwei Mandarinen entsaften, von einer weiteren Mandarine die Schale abreiben, den Saft mit dem Zucker und der Schale aufkochen, 3 Minuten reduzieren, zur Seite stellen. Die abgeriebene und die 2 restlichen Mandarinen schälen und die einzelnen Segmente mit einem Messer von der weißen Haut befreien, in die Sauce geben und kurz aufkochen lassen.

5. Den Joghurt durchrühren. Die Törtchen einige Minuten bei Zimmertemperatur antauen lassen und auf Teller stürzen. Mit einem Messer den Rand lösen und die Ringe abziehen. Mit den Mandarinen und dem Joghurt anrichten. Nach Belieben mit Schokoladenblättern garnieren.

Mit zweierlei Schokoladenmousse gefüllt, sehen die Törtchen besonders spektakulär aus. Der Arbeitsaufwand reduziert sich jedoch wesentlich, wenn man nur eine Mousse verwendet – und der Geschmack ist gleichermaßen köstlich!

DEUTSCHLAND

Die Blüten der Passionsfrucht oder Maracuja bestechen durch ihre Schönheit. Ursprünglich in Südamerika beheimatet, gedeiht die Pflanze inzwischen auch in Asien und Afrika.

Fruchtige Sahneroulade

BISKUIT UND DAS AROMA EXOTISCHER FRÜCHTE: EIN BEWÄHRTER KLASSIKER DER DESSERTKÜCHE.

Die sahnig gefüllte Biskuitroulade ist, schön dekoriert, ein optimales Dessert für viele Gäste.

Für 10 Portionen
Für den Biskuit:
6 Eigelbe, 80 g Zucker, 1 Messerspitze Salz
1/2 TL Abgeriebenes von 1 unbehandelten Zitrone
4 Eiweiße, 70 g Mehl, 20 g Speisestärke
Für die Frucht-Sahne-Creme:
2 unbehandelte Orangen, 1 Limette, 2 Maracujas
120 g Zucker, 5 Blatt weiße Gelatine
20 ml brauner Rum, 3/8 l Sahne, steif geschlagen
Für die Schokoladensauce:
1/4 l Sahne, 30 g Honig
1/2 Vanilleschote, 200 g Kuvertüre
Außerdem:
Pergamentpapier, Puderzucker zum Besieben
2 EL Crème fraîche, Erdbeeren zum Garnieren

Für den Biskuit die Eigelbe mit 1/4 des Zuckers, Salz und Zitronenschale schaumig rühren. Die Eiweiße zu sehr steifem, schnittfestem Schnee schlagen, dabei den restlichen Zucker einrieseln

Wie ein Profi dekorieren ist gar nicht so schwer. In den Zuckerstaub der Sahneroulade werden zunächst Kreuze eingebrannt. Das Muster auf dem Teller entsteht so: Auf jeden Teller etwas Schokoladensauce geben. Die Crème fraîche verrühren, in eine Tüte aus Pergamentpapier füllen und in einer Spirale auf die Sauce spritzen. Mit dem Messerrücken oder Löffelstiel nach außen verziehen.

Die eingeweichte und gut ausgedrückte Gelatine unter Rühren in der Creme auflösen, den Rum zugießen und etwas abkühlen lassen. Die geschlagene Sahne mit dem Schneebesen vorsichtig unterrühren.

DEUTSCHLAND

lassen. Die Eigelbmasse unter den Schnee heben, die Mehl-Stärke-Mischung darübersieben und unterziehen. Die Biskuitmasse gleichmäßig auf einem mit Pergamentpapier belegten Blech (etwa 36 x 42 cm) verstreichen. Bei 230 bis 240 °C im vorgeheizten Ofen in 8 bis 10 Minuten hellbraun backen. Herausnehmen, den Biskuit am Papierrand sofort vom Blech ziehen, auf ein leicht angefeuchtetes Tuch stürzen, mit einem feuchten Tuch bedecken und abkühlen lassen. Für die Sahnecreme 1 Orange unter warmem Wasser abbürsten und die Schale abreiben. Orangen und Limette auspressen und den Saft mit der Schale und dem ausgelösten Fruchtfleisch der Maracujas aufko-

chen. Mit dem Zucker 3 bis 4 Minuten weiterkochen, durch ein feines Sieb passieren. Weiterverfahren, wie gezeigt. Vom Biskuit das Papier abziehen, die Creme gleichmäßig darauf verstreichen, etwas fest werden lassen und den Biskuit von der Längsseite her aufrollen. Kühl stellen. Mit Puderzucker besieben und mit einem glühenden Draht Linien einbrennen. Für die Sauce Sahne, Honig und Vanilleschote aufkochen. Die Schote entfernen und das Mark in die Sauce streifen. Kuvertüre in einer Schüssel auf dem Wasserbad auflösen und die heiße Sahne langsam unterrühren. Die Roulade in Scheiben schneiden und mit Sauce, Crème fraîche und Erdbeeren anrichten.

DEUTSCHLAND

Diese Blütenpracht
läßt auf eine gute Apfelernte hoffen. Aromatische Herbstsorten wie Cox Orange, Glockenapfel oder Boskoop gedeihen am Bodensee, aber auch im Alten Land an der Niederelbe, und eignen sich für Beignets oder Apfelküchle besonders gut.

Apfelbeignets
AM BESTEN VERWENDET MAN FÜR DIESES DESSERT EINE FESTE, SÄUERLICHE APFELSORTE.

Die Apfelküchle, wie sie in Südwestdeutschland genannt werden, sind zwar kein besonders spektakuläres Dessert, jedoch werden sie, mit Preiselbeerkompott und vor allem mit einer feinen Weinschaumsauce, von vielen Feinschmeckern heiß geliebt. Und nicht nur in Deutschland: Die Franzosen schneiden für ihre »beignets aux pommes« die Äpfel in kleinere Spalten, die durch Ausbackteig gezogen und in heißem Öl ausgebacken werden. Dazu reicht man üblicherweise geschlagene Sahne mit Zimt. Soll der Teig etwas lockerer sein, kann etwas Hefe oder Bier beigemischt werden, mit Wein wird er knuspriger.

750 g Äpfel (zum Beispiel Cox Orange)
50 g Zucker, Saft von 1 Zitrone, 2 cl Rum
Für den Teig:
200 g Mehl, 2 Eier, 1/8 l Apfelsaft
1/8 l Weißwein, 1 Messerspitze Salz
abgeriebene Schale von 1 unbehandelten Zitrone
Für das Preiselbeerkompott:
250 g Preiselbeeren, 2 EL Blütenhonig
40 g Zucker, 1/8 l Rotwein
1 Stück Zimtstange (etwa 4 cm)
Für die Weinschaumsauce:
2 Eigelbe, 1 Ei, 120 g Zucker
1/4 l Trockenbeerenauslese
Außerdem:
Pflanzenöl zum Fritieren, Puderzucker zum Besieben
Pfefferminzblättchen zum Garnieren

1. Die Äpfel waschen, schälen und das Kernhaus herausstechen. Die Äpfel in etwa 1 cm dicke Ringe schneiden. Diese in einer Schüssel mit Zucker bestreuen, mit Zitronensaft und Rum beträufeln und zugedeckt durchziehen lassen.

2. Für den Teig das Mehl in eine Schüssel sieben. Eier, Apfelsaft, Weißwein, Salz und Zitronenschale zufügen und alles zu einem dickflüssigen Teig verarbeiten. Etwa 30 Minuten ausquellen lassen.

Die Weinschaumsauce
schmeckt, mit einer edlen Trockenbeerenauslese zubereitet, besonders fein. Preiswert ist so ein Wein zwar nicht gerade, doch mit seiner natürlichen Süße paßt er ausgezeichnet zu den säuerlichen Äpfeln – und den Rest der Flasche sollte man als Dessertwein dazu servieren.

DEUTSCHLAND

3. Inzwischen die Preiselbeeren zubereiten. Dafür die Beeren sorgfältig verlesen, waschen und abtropfen lassen. Honig, Zucker, Rotwein und Zimtstange aufkochen und etwa 5 Minuten einkochen lassen. Die Preiselbeeren zugeben und weitere 5 Minuten leicht köcheln lassen. Die Zimtstange entfernen und die Beeren abkühlen lassen.

4. Für die Sauce Eigelbe, Ei und Zucker in einer Schüssel mit einem Schneebesen cremig rühren. Die Schüssel in ein Wasserbad setzen – das Wasser darf nicht kochen, sondern soll gerade unter dem Siedepunkt simmern. Den Wein unter Rühren langsam zugießen und mit dem Schneebesen kräftig schlagen, bis die Creme schaumig ist und etwa das Doppelte ihres Volumens erreicht hat. Die Schüssel vom Wasserbad nehmen und in eine größere, mit Eiswasser gefüllte Schüssel stellen. Mit dem Schneebesen weiterschlagen, bis die Sauce abgekühlt ist.

5. Die marinierten Apfelscheiben gut abtropfen lassen, durch den Teig ziehen und schwimmend im 180 °C heißen Fett ausbacken (etwa 2 Minuten von jeder Seite). Herausnehmen und auf Küchenpapier kurz abtropfen lassen.

6. Die Apfelbeignets mit der Sauce und den Preiselbeeren auf Teller anrichten, mit Puderzucker besieben und mit Minzeblättern garnieren.

DEUTSCHLAND

Biskuit mit Walderdbeersahne

EIN ERLESENES SOMMERREZEPT, ABGERUNDET MIT EINER FEINEN SCHOKOLADENSAUCE.

Luftig und leicht sind alle Gebäcke aus Biskuitmasse. Ihre lockere Konsistenz verdanken sie dem hohen Eiweißanteil. Darüberhinaus enthalten sie, wenn überhaupt, nur sehr wenig Fett.

Für die Biskuitmasse:
5 Eigelbe, 100 g Zucker
abgeriebene Schale von 1/2 unbehandelten Zitrone
1 Messerspitze Salz, 4 Eiweiße, 30 g Speisestärke
80 g Mehl, 30 g zerlassene, lauwarme Butter
Für die Schokoladensauce:
150 g Halbbitter-Kuvertüre
80 ml Milch, 100 ml Sahne, 30 g Honig
Für die Füllung:
200 g Walderdbeeren, 300 ml Sahne
40 g Puderzucker
Außerdem:
Puderzucker zum Besieben
1 EL Crème fraîche

Die Eigelbe mit etwa 1/4 des Zuckers schaumig rühren. Zitronenschale und Salz unterrühren. Die Eiweiße zu steifem Schnee schlagen, dabei den restlichen Zucker einrieseln lassen. Die Eigelbmasse unter den Eischnee heben. Das mit

Für das schöne Muster der Schokoladensauce, je etwas Crème fraîche spiralförmig auf einen Klecks Sauce spritzen und diese mit einem Messerrücken oder einem Löffelstiel von innen nach außen ziehen.

Ein Backblech mit Backpapier auslegen und mit einem Bleistift Kreise von 9 cm Durchmesser im Abstand von 2 cm aufzeichnen. Die Biskuitmasse in einen Spritzbeutel mit Lochtülle Nr. 5 füllen und spiralförmig aufspritzen. Nach dem Backen die Biskuits auf eine Arbeitsplatte stürzen und das Papier abziehen.

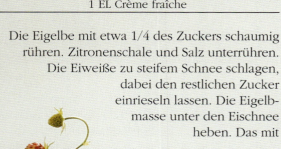

DEUTSCHLAND

der Speisestärke vermischte, gesiebte Mehl unterziehen. Die Butter vorsichtig einmelieren. Weiterverfahren, wie im ersten Bild gezeigt. Die aufgespritzten Biskuits bei 220 °C im vorgeheizten Ofen etwa 8 Minuten backen. Vom Papier lösen, wie gezeigt. Für dieses Rezept werden 8 Biskuits benötigt, die restlichen lassen sich – auf dem Papier – gut einfrieren. Für die Sauce die Kuvertüre in einer Schüssel auf dem Wasserbad schmelzen. Milch, Sahne und Honig unter Rühren aufkochen und unter die Kuvertüre rühren. Mit dem Mixstab homogenisieren, er soll dabei unter der Oberfläche bleiben, damit keine Blasen entstehen. Abkühlen lassen. Die Walderdbeeren waschen, gut abtropfen lassen und die Stielansätze entfernen. Die Früchte mit dem Mixstab pürieren und durch ein feines Sieb streichen. Sahne und Puderzucker steif schlagen. Das Erdbeermark unterheben. Die Erdbeersahne in einen Spritzbeutel mit Sterntülle Nr. 12 füllen. 4 Biskuits auf eine Arbeitsfläche legen, die Sahne darauf spritzen und mit je 1 Biskuit abdecken. Die Oberfläche jeweils mit Puderzucker besieben und mit einem glühenden Draht oder einer Gabel Linien einbrennen. Mit der Sauce auf Tellern anrichten. Zum Garnieren die Crème fraîche verrühren, in eine Spritztüte aus Pergamentpapier füllen und die Sauce dekorieren, wie in der Bildunterschrift beschrieben.

DEUTSCHLAND

Kaffee-Eclairs

MIT EINER LEICHTEN VANILLECREME GEFÜLLT – DAZU PASST SEHR GUT EIN KOMPOTT AUS SAUERKIRSCHEN.

Für den Brandteig:
1/8 l Wasser, 30 g Butter, 1 Messerspitze Salz
100 g Mehl, 3 bis 4 Eier
Für die Glasur:
100 g Aprikosenkonfitüre
100 g Fondant
1 TL lösliches Kaffeepulver
Für die Vanillecreme:
100 g Zucker, 40 g Speisestärke, 4 Eigelbe
1/2 l Milch, Mark von 1/2 Vanilleschote
3 Eiweiße, 60 g Zucker
Für das Sauerkirschkompott:
250 g Sauerkirschen, 60 g Zucker
je 1 Prise Nelken und Zimt, gemahlen
80 ml Wasser, 40 ml Rotwein, 1 TL Speisestärke

1. Für den Teig Wasser mit Butter und Salz aufkochen. Das Mehl auf einmal zuschütten, dabei kräftig rühren. Die Masse bei mittlerer Hitze so lange weiterrühren, bis sie sich als Kloß vom Topf löst und eine weiße Haut den Topfboden überzieht. In eine Schüssel umfüllen, etwas abkühlen lassen. 1 Ei unterrühren, bis es sich völlig mit der Masse verbunden hat. Auf diese Weise nacheinander alle Eier einarbeiten.

Brandteig-Eclairs – Wenig Teig, dafür viel Platz für die leckere Füllung – hier perfekt ergänzt durch eine kräftige Kaffeeglasur. Serviert mit einem säuerlichen Kirschkompott ergeben sie eine Kombination, die geschmacklich überzeugt.

Für das Sauerkirschkompott werden die gewaschenen und entsteinten Kirschen in einem Sud, der aus Zucker, Gewürzen, Wasser und Rotwein aufgekocht wurde, 3 bis 4 Minuten gedünstet und mit, in etwas Wasser angerührter, Speisestärke gebunden. Abkühlen lassen.

2. Den Teig mit einem Spritzbeutel mit Sterntülle Nr. 10 in 16 Streifen von etwa 10 cm Länge auf das leicht gefettete Blech spritzen und bei 200 °C im vorgeheizten Ofen 15 bis 20 Minuten backen.

3. Für die Glasur die Aprikosenmarmelade in einem Topf mit etwas Wasser verrühren und erhitzen. Den Fondant im 40 °C warmen Wasserbad auf 35 °C erwärmen, dabei einige Tropfen Wasser einrühren. Das Kaffeepulver in lauwarmem Wasser auflösen und ebenfalls einrühren. Der Fondant sollte dickflüssig vom Löffel laufen. Die Eclairs noch warm erst dünn mit der Aprikosenmarmelade bepinseln, dann mit Fondant glasieren. Wenn die Glasur abgetrocknet ist, die Eclairs horizontal halbieren.

4. Für die Creme 50 g Zucker, Speisestärke, Eigelbe und 1/4 der Milch gut mit dem Schneebesen verrühren. Die restliche Milch mit dem übrigen Zucker und dem Vanillemark aufkochen. Die angerührte Speisestärke nochmals durchrühren, dann langsam unter die kochende Milch rühren, einige Male aufkochen lassen. Die Eiweiße mit dem Zucker zu steifem Schnee schlagen. Die Creme nochmals aufkochen und den Eischnee in die kochende Creme einrühren, die dadurch gelockert und gleichzeitig stabilisiert wird. Die warme Creme mit einem Spritzbeutel (Sterntülle Nr. 11) oder mit einem Löffel in die unteren Eclairhälften füllen. Mit dem glasierten Oberteil bedecken. Kühl stellen. Zum Servieren die Eclairs mit dem Kirschkompott auf Tellern anrichten.

DEUTSCHLAND

Haselnuß-Nockerln

NICHT NUR IN ÖSTERREICH, AUCH IN SÜDDEUTSCHLAND SCHMECKEN SÜSSE NOCKERLN AUS KARTOFFELTEIG ZUM NACHTISCH.

Haselnüsse sind beliebte Zutat vieler süßer Mehlspeisen und Desserts. In ganz Europa verbreitet, wachsen die anspruchslosen Sträucher bis hinauf in Höhen um 1800 m. Haselnüsse zählen denn auch zu den wichtigsten Nußarten. Hier umhüllen sie die Nockerln und geben diesen damit den nussigen Geschmack. Dazu paßt ausgezeichnet ein Zwetschgenkompott, das je nach Belieben kalt oder warm zu den Nockerln gereicht wird.

Für das Zwetschgenkompott:
400 g Zwetschgen, 200 ml Weißwein, 1/2 Zimtstange
2 Nelken, 80 g Zucker, 1 TL Speisestärke
Für den Nockerlnteig:
600 g mehligkochende Kartoffeln, 200 g Mehl
50 g weiche Butter, 50 g Hartweizengrieß
2 Eigelbe, 1 Prise Salz
Für die Nußmischung:
150 g Haselnußkerne, 50 g Butter, 40 g Puderzucker
Saft und Abgeriebenes von 1/2 unbehandelten Orange
Außerdem:
Puderzucker zum Besieben

Für das Kompott die Zwetschgen waschen, abtropfen lassen, entsteinen und längs vierteln. In einem Topf den Weißwein mit der Zimtstange, den Nelken und dem Zucker aufkochen, die Zwetschgen zufügen und einmal kurz aufkochen lassen. Vom Herd nehmen und abseihen, dabei den Saft in einer Kasserolle auffangen und wieder erhitzen. Die mit 1 Eßlöffel Wasser angerührte Speisestärke einrühren, die Früchte wieder zufügen und nochmals aufkochen lassen. Vom Herd nehmen und bis zur weiteren Verwendung beiseite stellen. Für die Nockerln die Kartoffeln waschen, trocknen und in Alufolie wickeln. Bei 200 °C im vorgeheizten Ofen 1 Stunde backen. Herausnehmen und die Kartoffeln mit einem Löffel aus den Schalen lösen. Das Mehl auf eine Arbeitsfläche sieben, in die Mitte eine Mulde drücken. Die Kartoffeln noch heiß durch die Kartoffelpresse kranzförmig auf den Mehlrand drücken. Die weiche Butter, den Grieß, die Eigelbe sowie das Salz in die Mulde geben, alles rasch zu einem glatten Teig kneten und etwas ruhen lassen. In der Zwischenzeit die Nußmischung herstellen. Dafür die Haselnüsse von ihrer braunen Haut befreien, wie unten gezeigt. In einer Pfanne die Butter aufschäumen, Puderzucker und Orangensaft einrühren und leicht karamelisieren lassen. Vom Herd nehmen, die gemahlenen Nüsse sowie die Orangenschale einrühren und alles gut vermengen. Den Kartoffelteig zu 2 cm dicken Strängen rollen und mit Mehl bestauben. Die Teigstränge nebeneinander legen und 4 cm lange Stücke abschneiden. Jedes Teigstück über die Rückseite einer Raspel abrollen, um ein Gittermuster einzudrücken. Die Nockerln in leicht gesalzenes kochendes Wasser einlegen und bei geringer Hitze in 6 Minuten garziehen lassen. Mit dem Schaumlöffel herausheben, gut abtropfen lassen. Die Nockerln in der Nußmischung wälzen, bis sie vollständig umhüllt sind. Mit Puderzucker besieben und mit dem Zwetschgenkompott anrichten.

Den Ofen auf 200 °C vorheizen. Die Haselnüsse locker auf ein Backblech streuen und rösten, bis die dünne braune Samenschale platzt.

Die gerösteten Haselnüsse etwas abkühlen lassen, bis sich die Schale löst. Auf ein Geschirrtuch schütten, die braune Schale abreiben und die Nüsse in der Nußmühle fein mahlen.

DEUTSCHLAND

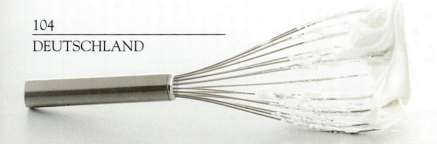

Pfirsichbaiser

ZARTE EISCHNEETÖRTCHEN, ERFRISCHEND GEFÜLLT MIT ZWEIERLEI FRÜCHTEN.

Damit die Baisertörtchen Form und Farbe behalten, sind zwei Dinge zu beachten. Zum einen müssen die Gerätschaften, die mit dem Eiweiß in Berührung kommen, absolut fettfrei sein, sonst wird der Eischnee nicht steif und der Tropfenkranz zerläuft. Zum andern darf die Backtemperatur nicht zu hoch sein, denn sonst beginnen die schneeweißen Baisers zu bräunen.

Für die Baisertörtchen:
4 Eiweiße, 100 g Zucker, 120 g Puderzucker
1 EL Speisestärke
Für das Preiselbeerkompott:
60 ml Wasser, 35 g Zucker, etwas Zimtrinde
1 Nelke, 20 ml Orangensaft, 100 g Preiselbeeren
Für die Schokoladensauce:
150 g Halbbitter-Kuvertüre
80 ml Milch, 100 ml Sahne
30 g Honig, 4 cl brauner Rum

Die herbsäuerlichen Preiselbeeren, die sich unter den Pfirsichhälften verbergen, stehen der Süße des knusprigen Baiserbodens entgegen – ein interessanter Kontrast.

Für die Marzipanschicht:
50 g Marzipanrohmasse, 1 EL Cognac
2 EL Läuterzucker
Außerdem:
2 Pfirsiche, Pergamentpapier, 10 g gehackte Pistazien

1. Für die Baisertörtchen die Eiweiße in einer Schüssel schaumig schlagen. Nach und nach den Zucker einrieseln lassen. Erst wenn der Schnee ganz steif ist, den gesiebten Puderzucker und die Speisestärke mit einem Holzlöffel vorsichtig unter den Eischnee heben.

2. Ein Blech mit Pergamentpapier auslegen und darauf Kreise von 10 cm Durchmesser aufzeichnen. Den Eischnee in einen Spritzbeutel mit Lochtülle Nr. 10 füllen. Für die Böden den Ei-

Überzogen mit einer Schokoladensauce und mit gehackten Pistazien verziert, wird dieses Dessert auch optisch zum Genuß.

DEUTSCHLAND

schnee spiralförmig in die vorgezeichneten Kreise spritzen. Den Rand jeweils mit einem Kranz aus Tropfen verzieren. Die Baisers bei etwa 70 °C möglichst über Nacht bei leicht geöffneter Ofentür mehr trocknen als backen.

3. Für das Kompott die Preiselbeeren verlesen und waschen. Wasser mit Zucker, Zimtrinde und Nelke einige Minuten sprudelnd kochen. Abseihen und die Flüssigkeit auffangen. In einem Topf mit dem geseihten Orangensaft sowie den Preiselbeeren 1 bis 2 Minuten kochen. Abkühlen lassen.

4. Für die Schokoladensauce die Kuvertüre in einer Schüssel auf einem Wasserbad schmelzen. Die Milch mit der Sahne und dem Honig aufkochen, unter die Kuvertüre rühren und mit dem Mixstab homogenisieren. Er sollte immer unterhalb der Oberfläche bleiben, damit keine Blasen entstehen. Abkühlen lassen. Wenn die Sauce beinahe kalt ist, den Rum einrühren.

5. Die Pfirsiche blanchieren, häuten, halbieren und die Steine entfernen. Die Marzipanrohmasse mit Cognac und Läuterzucker zu einer streichfähigen Masse verrühren und auf die Baisertörtchen streichen. Das Preiselbeerkompott in einem Sieb abtropfen lassen und die Beeren auf der Marzipanschicht verteilen.

6. Die Pfirsichhälften mit der Schnittfläche nach unten auf die Preiselbeeren setzen. Mit Schokoladensauce begießen, mit gehackten Pistazien bestreuen und servieren.

Kaffee-Schokoladen-Eis

MIT SAUERKIRSCHEN UND KAFFEE-SABAYON, EIN
DESSERT DER BESONDEREN KLASSE.

Die leicht herbe Geschmacksnote von Kaffee und
Halbbitter-Kuvertüre kommt hier gut zur Geltung.

Für das Kaffee-Schokoladen-Eis:
4 Eigelbe, 100 g Zucker, 1 Prise Salz
1/4 l Milch
1/8 l Sahne
20 g Kaffeebohnen, zerstoßen
60 g Halbbitter-Kuvertüre, grob gehackt
Für die Sauerkirschen:
300 g Sauerkirschen
150 ml Rotwein
80 g brauner Zucker
Saft von 1/2 Zitrone, 2 cl Rum
1/2 TL Speisestärke
Für das Kaffee-Sabayon:
3 Eigelbe, 80 g Zucker
1/8 l Kaffee
Außerdem:
100 g Halbbitter-Kuvertüre zum Verzieren
Puderzucker zum Besieben

Je nach Gusto kann die
Verzierung eines solchen
Desserts einfacher oder
üppiger ausfallen. Die so
eingesteckten Schokoladen-
stücke wecken auf jeden
Fall Aufmerksamkeit.

1. Für das Eis die Eigelbe mit dem
Zucker und dem Salz in einer
Schüssel cremig rühren. Die

**Die Schokoladenstück-
chen für die Garnitur**
lassen sich aus temperier-
ter Kuvertüre selbst herstellen. Dafür streicht man diese dünn aus und bricht sie
nach dem Erkalten aus-
einander. Wem dies zu viel
Arbeit ist, kann auch
dünne Täfelchen kaufen
und in Stücke brechen.

Milch mit der Sahne und den zerstoßenen Kaffeebohnen in einer Kasserolle aufkochen. Vom Herd
nehmen und 20 Minuten ziehen lassen. Die Flüssigkeit durch ein feines Sieb in die Eigelbmasse
laufen lassen, dabei ständig rühren. Die Mischung
in eine Kasserolle umfüllen und unter Rühren
mit einem Holzspatel erhitzen, bis die Creme
beginnt, dickflüssig zu werden, sie darf aber keinesfalls kochen. Vom Herd nehmen und die
Kuvertüre unter Rühren darin schmelzen. Die
Kasserolle auf Eiswasser stellen und die Creme
abkühlen. Die Creme in der Eismaschine frieren.

DEUTSCHLAND

2. Die Sauerkirschen waschen und entsteinen. Den Rotwein mit dem Zucker und dem Zitronensaft in einem Topf aufkochen. Den Rum einrühren und die Sauerkirschen darin 4 bis 5 Minuten köcheln lassen. Die Speisestärke mit wenig Wasser anrühren und die Sauerkirschen damit leicht binden. Auskühlen lassen.

3. Für die Verzierung die Kuvertüre temperieren, auf ein Pergamentpapier dünn aufstreichen und trocknen lassen. In kleine Stücke brechen.

4. Für das Kaffee-Sabayon die Eigelbe und den Zucker mit einem Schneebesen in einer Rührschüssel cremig rühren. Die Schüssel auf ein Wasserbad setzen, das Wasser darf jedoch nicht kochen, sondern soll gerade unter dem Siedepunkt gehalten werden. Den Kaffee zur Eigelb-Zucker-Mischung gießen und die Creme mit dem Schneebesen schaumig schlagen, bis sie das Doppelte an Volumen erreicht hat. Die Schüssel vom Wasserbad nehmen und in eine zweite Schüssel mit Eiswasser stellen. Das Sabayon mit dem Schneebesen weiterschlagen, bis es abgekühlt ist. Das Eiswasser bewirkt, daß die Sauce schnell abkühlt, dabei aber nicht zu sehr an Volumen verliert und so entsprechend schaumig bleibt.

5. Je 1 Kugel Eis auf vorgekühlte Teller verteilen. Mit beliebig vielen Schokoladenstücken verzieren und mit Puderzucker besieben. Die Sauerkirschen und das Sabayon daneben anrichten.

ÖSTERREICH

Jaroslav Müller, der Chefkoch vom Hotel Sacher in Wien, serviert seinen Gästen ganz besonders gern Schmankerln aus seiner böhmischen Heimat und dazu gehören auch die Liwanzen.

Liwanzen

KLEINE PFANNKUCHEN AUS HEFETEIG – IN BUTTER GEBACKEN – EIN KÖSTLICHES WARMES DESSERT.

Diese kleinen Pfannkuchen aus fast flüssigem Hefeteig sind unter dem Namen »Blinzen« oder »Plinzen« in vielen und vor allem in den östlichen Ländern Europas ein Begriff. Man kennt sie in Rußland, in Polen und auch in der Tschechei. Dort heißen sie allerdings Liwanzen und dieser Name wird auch in Österreich verwendet. Auf den Tisch kommen sie oft nur mit Zucker bestreut. Aber auch gefüllt, beispielsweise mit Powidl, dem berühmten Pflaumenmus oder mit einer Mohnmischung, munden sie. Wofür man sich entscheidet, bleibt letztendlich dem eigenen Geschmack vorbehalten.

Für den Liwanzenteig:
200 g Mehl, 10 g Hefe, 1/8 l lauwarme Milch
15 g Butter, 15 g Zucker, 1 Prise Salz
abgeriebene Schale von 1/4 unbehandelten Zitrone
1 Ei
Für die Powidlfüllung:
200 g Powidl (Pflaumenmus)
abgeriebene Schale von 1/2 unbehandelten Zitrone
1/4 TL Zimt
Für die Mohnfüllung:
250 g gemahlener Mohn, 1/4 l Milch
100 g Zucker, 50 g Rosinen, 2 cl Rum

Liwanzen mit Powidl werden im Hotel Sacher ganz besonders appetitlich serviert. Doch auch selbstgebacken sind sie ein Genuß.

Liwanzen werden herkömmlicherweise in einer Spezialpfanne mit runden Vertiefungen gebacken. Wer keine solche hat, kann auch eine Eierpfanne verwenden oder den Teig mit genügend Abstand zwischen den einzelnen Plätzchen in einer normalen Pfanne backen.

Außerdem:
zerlassene Butter zum Ausfetten der Pfanne
Zucker zum Bestreuen
Puderzucker zum Besieben

1. Für den Liwanzenteig das Mehl in eine Schüssel sieben und in der Mitte eine Vertiefung anbringen. Die Hefe hineinbröckeln. Die lauwarme Milch zugießen und die Hefe darin auflösen. Etwas Mehl darüberstreuen und diesen Ansatz etwa 1/4 Stunde zugedeckt an einem warmen, zugfreien Ort gehen lassen, bis die Oberfläche starke Risse zeigt.

ÖSTERREICH

2. In einer Kasserolle die Butter zerlassen und mit dem Zucker, dem Salz, der Zitronenschale und dem Ei verrühren. Diese Mischung zum Teigansatz geben und alles zu einem dickflüssigen Hefeteig verrühren. Den Teig zugedeckt an einem kühlen Ort 1/2 bis 1 Stunde quellen lassen.

3. Die Liwanzenpfanne mit zerlassener Butter ausstreichen. Mit einer Schöpfkelle den Teig in die Vertiefungen gießen und die Liwanzen in etwa 3 Minuten von jeder Seite hellbraun backen. Mit Zucker bestreuen, noch warm servieren oder je 2 Liwanzen füllen, wie nachfolgend angegeben.

4. Für die Powidlfüllung das Pflaumenmus mit der Zitronenschale und dem Zimt verrühren. Etwa 2 Eßlöffel dieser Mischung auf einer Liwanze verstreichen, mit einer zweiten bedecken und die Oberfläche mit Puderzucker besieben.

5. Für die Mohnfüllung den Mohn mit Milch und Zucker aufkochen und 10 Minuten quellen lassen. Die Rosinen einstreuen und den Rum zugießen. Alles gut vermischen und erneut aufkochen. Abkühlen lassen. Je 2 Liwanzen damit füllen und die Oberfläche mit Puderzucker besieben.

ÖSTERREICH

Topfenknödel

IN BEGLEITUNG EINES KOMPOTTS AUS FRISCHEN BEEREN HABEN SIE IM SOMMER IHREN BESTEN AUFTRITT.

Ungefüllte, kleine Topfenknödel gehören zu den Klassikern der reichhaltigen österreich-ungarischen Mehlspeisenküche. In dieser Variation, mit Semmelwürfeln im Teig, erfreuen sie sich in ganz Österreich und darüber hinaus großer Beliebtheit. Beim Einkauf sollte man allerdings darauf achten, auch wirklich Topfen oder Schichtkäse zu bekommen, denn Topfen ist trockener und von festerer Konsistenz als der handelsübliche Quark. Wer nur diesen vorfindet, sollte den Quark, in einem Passiertuch eingeschlagen, in ein Sieb legen und über Nacht abtropfen lassen. Serviert werden die Topfenknödel unter einer Schicht buttrig-braun gebratener Semmelbrösel und ausnahmsweise einmal nicht mit Zwetschkenröster als Beilage, sondern mit einem Beerenkompott aus frischen Himbeeren und Heidelbeeren.

Für die Topfenknödel:
3 Semmeln vom Vortag
150 g Schichtkäse (oder Topfen)
20 g Zucker, 1/2 TL Salz
60 g zerlassene Butter
60 ml saure Sahne
2 Eier, 50 g Mehl
1 EL Semmelbrösel
Für das Beerenkompott:
200 g Himbeeren, 200 g Heidelbeeren
1/2 TL Speisestärke, 1 EL Wasser
1/4 l Rotwein (Zweigelt)
40 g Zucker, 1 Prise Zimt
Zesten von 1/2 unbehandelten Limette
Außerdem:
30 g Semmelbrösel
10 g Puderzucker, 40 g Butter
Puderzucker zum Besieben

1. Von den Semmeln die Rinde abreiben und die Semmeln in kleine Würfel schneiden. In einer Schüssel die Brotwürfel mit Schichtkäse, Zucker, Salz, zerlassener Butter, saurer Sahne, Eiern, Mehl und den Semmelbröseln vermischen. Alles zu einem glatten Teig verarbeiten und 30 Minuten ruhen lassen. Aus der Masse mit den Händen 8 Knödel von je etwa 60 g formen. Die Knödel in sprudelnd kochendes, leicht gesalzenes Wasser einlegen und in 15 Minuten garziehen lassen.

2. Die Beeren verlesen. Die Speisestärke mit 1 EL Wasser anrühren. In einer Kasserolle den Rotwein mit Zucker und Zimt aufkochen. Himbeeren und Heidelbeeren zufügen und 1 Minute darin köcheln lassen. Mit der angerührten Speisestärke binden und 1 Minute weiterköcheln lassen. Die Limettenzesten einstreuen.

3. Die Semmelbrösel mit dem Puderzucker vermischen. In einem Pfännchen die Butter zerlassen und die Bröselmischung darin unter gelegentlichem Rühren goldgelb braten.

4. Die Topfenknödel mit einem Schaumlöffel aus dem Wasser heben, abtropfen lassen und mit dem Beerenkompott auf Teller anrichten. Die goldgelben Semmelbrösel darüberstreuen, mit Puderzucker bestauben und servieren.

Ein Zweigelt aus dem Burgenland ist der richtige Wein für dieses Kompott. Mit seinem tiefen Dunkelrot und dem lieblichen Duft paßt er sehr gut zum Aroma der Beeren. Für die rötige Frische sorgen hauchdünne Streifen von Limettenschale, die man am besten mit einem Zestenreißer ablöst.

ÖSTERREICH

Zwetschgenknödel

MANCHMAL AUS BRANDTEIG ZUBEREITET, SIND SIE JEDOCH AUS KARTOFFELTEIG VIEL POPULÄRER.

Wie einst Böhmen zum Kaiserreich, gehören die süßen Knödel zu Österreichs beliebtesten Süßspeisen. Wenn Österreich sich auch im Laufe der Geschichte geographisch verkleinert hat, den Gusto für süße Schmankerln aus der ehemaligen k.u.k. Monarchie hat man sich erhalten. Zur wahren Lebensqualität gehört dort eben auch eine »g'scheite« Mehlspeis'. Und diese Knödel – die übrigens mit Marillen auch sehr gut schmecken – haben inwischen über alle Berge hinweg internationale Berühmtheit erlangt.

Für die Zwetschgenknödel:
600 g mehligkochende Kartoffeln
60 g weiche Butter, 60 g Weizengrieß
1 Messerspitze Salz, 1 Ei, 120 g Mehl
12 Zwetschgen, entsteint, 12 Stück Würfelzucker
Für die Semmelbrösel:
100 g Butter, 120 g Semmelbrösel
Außerdem:
Puderzucker zum Besieben

Nur schöne, reife Früchte sollte man verwenden – das versteht sich von selbst. Wer hier spart, schadet dem Endergebnis beträchtlich, denn nur gefüllt mit aromatischen Früchten sind die Knödel ein vollendeter Genuß.

1. Die Kartoffeln waschen, gut abtropfen lassen und in Alufolie wickeln. Bei 200 °C im vorgeheizten Ofen 1 Stunde backen. Die Kartoffeln herausnehmen, schälen, durch die Kartoffelpresse auf eine Arbeitsfläche drücken und erkalten lassen.

ÖSTERREICH

2. In die Mitte der Kartoffelmasse eine Mulde drücken. Die weiche Butter, den Grieß, Salz und Ei hineingeben. Mit der Hand etwas verarbeiten und das Mehl darübersieben. Zu einem glatten Teig kneten – wenn nötig, noch etwas Mehl zugeben – und 1/4 Stunde ruhen lassen.

3. Eine Arbeitsfläche mit Mehl bestauben und den Kartoffelteig darauf etwa 5 mm stark ausrollen. Zu Quadraten von 7 x 7 cm schneiden. Die Zwetschgen jeweils mit einem Stück Würfelzucker füllen. Je 1 Zwetschge auf ein Teigquadrat legen, die 4 Teigecken darüberklappen und mit den Händen zu einem Knödel formen.

4. Die Knödel in leicht gesalzenes, sprudelnd kochendes Wasser einlegen. Sobald das Wasser wieder kocht, die Hitze reduzieren. Die Knödel in 10 bis 12 Minuten garziehen lassen; sie sind fertig, wenn sie an die Oberfläche steigen.

5. Inzwischen die Butter in einer Pfanne zerlassen und die Semmelbrösel unter ständigem Rühren darin goldbraun braten.

6. Die Knödel mit einem Schaumlöffel herausheben, in kaltem Wasser abschrecken und in den gerösteten Bröseln wälzen. Auf Teller anrichten und mit Puderzucker besieben.

ÖSTERREICH

Weingugelhupf

BEI DIESEM LOCKEREN BISKUITKRANZ WEISS MAN NICHT, WAS BESSER SCHMECKT: DAS GEBÄCK ODER DER SUD.

Unverändert in der Form hat sich der »weinselige« Gugelhupf über Jahrhunderte hindurch erhalten. Je nach Region wurde er unterschiedlich getauft: Napf- oder Aschkuchen, Ash-Cake, Gogelhopfen, Kugelhopf, Gouglof, Bonnet du Turc. In Österreich erfreut er sich eines besonders kuriosen Namens. Erheitert durch den hohen Weingehalt des Gebäcks legten die Österreicher wohl ihre respektvolle Haltung dem geistlichen Stande gegenüber ab und tauften es »besoffener Kapuziner«.

Für 8 bis 12 Portionen
Für den Gugelhupf:
4 Eigelbe, 170 g Zucker
abgeriebene Schale von 1/2 unbehandelten Zitrone
4 Eiweiße, 160 g feingemahlene Semmelbrösel
Für den Weinsud:
750 ml Weißwein, 200 g Zucker
30 ml Zitronensaft, 50 ml Orangensaft
Schale von 1 unbehandelten Zitrone, in feinen Streifen
1/2 Zimtstange, 2 Nelken, 2 cl Orangenlikör
Zum Garnieren:
200 ml Sahne, 30 g Puderzucker
300 g helle Weintrauben, gehäutet und entkernt
Schokoladenblätter

Außerdem:
1 Gugelhupfform von 1 l Inhalt, Butter für die Form
Semmelbrösel zum Ausstreuen

1. Die Eigelbe mit der Hälfte des Zuckers und der Zitronenschale schaumig rühren. Eiweiße steif schlagen, dabei den restlichen Zucker einrieseln lassen. Zunächst 1/4 des Eischnees unter die Eigelbmasse rühren. Den restlichen Eischnee zugeben, die Semmelbrösel darüberstreuen und beides mit dem Kochlöffel vorsichtig unter die Eigelbmasse heben.

2. Die Form gleichmäßig mit Butter ausstreichen und mit Semmelbröseln ausstreuen. Die Biskuitmasse einfüllen und glattstreichen. Bei 180 °C im vorgeheizten Ofen 30 bis 35 Minuten backen. Herausnehmen, abkühlen lassen und stürzen.

3. Für den Weinsud Wein, Zucker, Zitronen- und Orangensaft, Zitronenschalestreifen, Zimtstange und Nelken aufkochen und etwa 3 Minuten ziehen lassen. Den Orangenlikör einrühren.

4. Den Gugelhupf auf ein kleines Kuchengitter in einen großen Topf stellen und mit dem Sud beschöpfen, bis er vollgesogen ist. Vollständig auskühlen lassen.

5. Die Sahne mit dem Puderzucker halbsteif schlagen. Den Gugelhupf in Scheiben schneiden und mit den Traubenhälften, der Sahne und den Schokoladenblättern anrichten.

Der leichte Biskuit ist besonders aufnahmefähig für den heißen Wein. Der macht ihn zu einem feinen Dessert. Am besten läßt man den Gugelhupf vor dem Servieren einige Stunden stehen, damit er gut durchtränkt ist.

ÖSTERREICH

Ein Hemd aus halbsteif geschlagener Sahne umhüllt diesen Schokoladepudding – daher auch der Name.

Mohr im Hemd
MIT PFIRSICHSPALTEN UND GRANATAPFELKERNEN ERFRISCHEND SERVIERT.

Dieser Schokoladepudding ist bei Hausfrauen und Profis gleichermaßen populär. Die Puddingform wird mit Zucker, der im Ofen dann karamelisiert, ausgestreut: dadurch bekommt der Mohr im Hemd, obwohl er im Wasserbad gegart wird, dennoch eine leicht knusprige Kruste.

Für den Teig:
100 g bittere Schokolade
50 g geschälte, gemahlene Mandeln
50 g gemahlene Haselnüsse, 50 g feine Semmelbrösel
6 Eiweiße, 1 Prise Salz, 100 g Zucker
6 Eigelbe, Mark von 1/2 Vanilleschote
1/4 TL gemahlener Zimt
Für das Kompott:
500 g Pfirsiche, 125 g Zucker
200 ml Wasser, Saft von 1/2 Limette
Kerne von 1/2 Granatapfel, 2 cl Pfirsichlikör
Außerdem:
1 Puddingform von 1,2 l Inhalt
Butter zum Ausstreichen, Zucker zum Ausstreuen
200 ml Sahne, 20 g Zucker

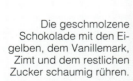

Die geschmolzene Schokolade mit den Eigelben, dem Vanillemark, Zimt und dem restlichen Zucker schaumig rühren.

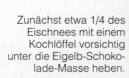

Zunächst etwa 1/4 des Eischnees mit einem Kochlöffel vorsichtig unter die Eigelb-Schokolade-Masse heben.

Den restlichen Eischnee sowie die Mandel-Nuß-Brösel-Mischung zur Masse geben und beides mit dem Kochlöffel vorsichtig unterziehen. Die Schokoladenmasse in die vorbereitete Form füllen und diese schließen. Die Form in ein Wasserbad stellen – der Wasserspiegel sollte bis zu etwa 2 cm unter den Rand reichen.

ÖSTERREICH

Die Puddingform und den Deckel mit der weichen Butter ausstreichen und mit dem Zucker ausstreuen, den überschüssigen Zucker ausschütten. Die Schokolade in Stücke brechen und in einer Schüssel im Wasserbad auflösen. Die Mandeln, die Haselnüsse und die Semmelbrösel vermischen. Die Eiweiße mit dem Salz zu steifem Schnee schlagen, dabei 50 g Zucker einrieseln lassen. Weiterverfahren, wie in der Bildfolge links gezeigt. Den Pudding bei 170 °C im vorgeheizten Ofen 40 bis 45 Minuten garen. Das Wasser darf nicht kochen, sondern soll gerade unter dem Siedepunkt gehalten werden. Mit einem Holzstäbchen prüfen, ob der Pudding gar ist. Aus dem Ofen nehmen und in der Form abkühlen lassen. Den Pudding anschließend auf eine Platte stürzen. Für das Kompott die Pfirsiche kurz in heißem Wasser blanchieren, häuten, halbieren und entsteinen. Die Hälften in Spalten schneiden. Den Zucker mit dem Wasser und dem Limettensaft zum Kochen bringen und etwa 2 bis 3 Minuten kochen lassen. Die Pfirsichspalten zugeben, die Hitze reduzieren und 5 bis 6 Minuten köcheln lassen. Die Granatapfelkerne und den Likör einrühren und erkalten lassen. Die Sahne mit dem Zucker halbsteif schlagen. Den Pudding in Scheiben schneiden. Mit Kompott und Sahne anrichten.

ÖSTERREICH

Apfelernte im Garten. Liebevoll von Hand gepflückt werden die Äpfel für den in ganz Österreich beliebten Apfelstrudel, der mit säuerlichen Apfelsorten am besten schmeckt.

Apfelstrudel

ÖSTERREICHS BEKANNTESTES DESSERT – SIMPEL IN DEN ZUTATEN, DOCH RAFFINIERT IM ERGEBNIS.

Die Herstellung des Teiges, dessen Konsistenz das Resultat maßgeblich beeinflußt, erfordert etwas Fingerspitzengefühl. Strudelteig muß geschmeidig sein, sonst läßt er sich nicht genügend ausziehen. Dabei spielt nicht zuletzt die verwendete Mehlsorte eine Rolle, am besten eignet sich ein glattes Weizenmehl.

Für 6 Portionen
Für den Strudelteig:
150 g Mehl, 1 Prise Salz, 2 EL Pflanzenöl
80 ml Wasser, Pflanzenöl zum Einreiben des Teiges
Mehl zum Bestauben
Für die Füllung:
1,2 kg säuerliche Äpfel (Cox Orange), 60 g Butter
80 g Semmelbrösel, 70 g zerlassene Butter
80 g Zucker, 1 TL gemahlener Zimt
50 g Rosinen, 40 g Walnüsse, gehackt
Für die Vanillesauce:
6 Eigelbe, 100 g Zucker
1/2 l Milch, 1/2 Vanilleschote
Außerdem:
Butter für das Blech
50 g zerlassene Butter zum Bestreichen
Puderzucker zum Besieben

Für den Teig das Mehl auf eine Arbeitsplatte sieben. In die Mitte eine Mulde drücken, Salz und Öl hineingeben, mit der Hand etwas verrühren, nach und nach das Wasser zugießen und alles in etwa 10 Minuten zu einem geschmeidigen Teig verkneten. Zu einer Kugel formen, die Oberfläche mit Öl bepinseln. Den Teig auf einem mit Mehl bestaubten Blech mindestens 30 Minuten ruhen lassen. In der Zwischenzeit die Äpfel schälen und vierteln. Das Kerngehäuse entfernen und die Apfelstücke in dünne Scheiben schneiden oder hobeln. In einem Pfännchen die Butter zerlassen, die Semmelbrösel darin hell anbräunen und erkalten las-

Den Strudelteig mit zerlassener Butter bestreichen. Das vordere Drittel der Länge nach mit den gerösteten Semmelbröseln bestreuer. Die Äpfel darauf verteilen. Zucker und Zimt mischen und mit Rosinen und Nüssen über die Äpfel streuen. Die Ränder der kurzen Seiten des Teigrechtecks etwa 1,5 cm breit einschlagen und den Strudel durch Anheben des Tuches von der belegten Seite her vorsichtig aufrollen.

ÖSTERREICH

Knusprige Hülle mit saftiger Füllung. Noch warm aus dem Ofen und in Begleitung einer Vanillesauce kommt der feine Geschmack von frischem Apfelstrudel am besten zur Geltung.

sen. Ein großes Tuch auf einem Tisch ausbreiten. Am besten nimmt man dafür ein gemustertes, denn am durchscheinenden Muster kann man später genau erkennen, ob der Teig gleichmäßig dünn ausgezogen ist. Das Tuch mit Mehl bestauben und den Teig darauf mit einem Rollholz der Länge und Breite nach so weit wie möglich ausrollen, dann von Hand ausziehen. Dafür greift man unter den Teig und zieht ihn nach und nach von der Mitte nach außen, bis er hauchdünn ist. Den Strudel füllen, wie links gezeigt. Beim Aufrollen immer wieder nachfassen, damit der Strudel schön fest wird. Den Strudel u-förmig auf ein gebuttertes Blech legen, die Oberfläche mit zerlassener Butter bestreichen. Bei 200 °C im vorgeheizten Ofen etwa 30 Minuten backen. Für die Vanillesauce die Eigelbe und den Zucker mit dem Schneebesen langsam cremig rühren, bis sich der Zucker aufgelöst hat und die Masse eine hellgelbe Farbe hat. Milch und Vanilleschote aufkochen. Die Schote herausnehmen, das Mark in die heiße Milch streifen. Die Vanillemilch langsam unter die Eigelbmasse rühren. In eine Kasserolle umfüllen und unter Rühren erhitzen, bis die Sauce dickflüssig wird, sie darf aber nicht kochen. Die Sauce durch ein feines Sieb passieren. Den Strudel noch heiß in Stücke schneiden, mit Puderzucker besieben und mit der Vanillesauce servieren.

ÖSTERREICH

Brandteigkrapfen mit Zimtsabayon

MIT IHRER FÜLLUNG AUS MARZIPAN UND SAUERKIRSCHEN SIND DIE KNUSPRIGEN KRAPFEN IDEAL ZUM SAMTIGEN SABAYON.

Krapfen sind in Österreich in allen Formen und Variationen beliebt. Eine besonders ausgefallene Version ist dieses halbmondförmige Gebäck, das durch den Brandteig besonders locker gerät.

Für den Brandteig:
1/8 l Milch, 35 g Butter
1 Prise Salz, 90 g Mehl, 1 Eigelb, 1 Ei
Für die Füllung:
120 g Sauerkirschen, entsteint
80 g Marzipanrohmasse
abgeriebene Schale von 1 unbehandelten Zitrone
10 g brauner Zucker
Für das Zimtsabayon:
3 Eigelbe, 1 Ei, 100 g Zucker
1/4 TL gemahlener Zimt, 1 Prise Salz, 100 ml Marsala
Außerdem:
1 gezackter Ausstecher von 8 cm Durchmesser
1 Eiweiß zum Bestreichen
Pflanzenöl zum Fritieren
Puderzucker zum Besieben
Sauerkirschen zum Garnieren

1. Für den Brandteig die Milch mit der Butter und dem Salz unter ständigem Rühren aufkochen. Das gesiebte Mehl auf einmal zuschütten, bei mittlerer Hitze kräftig weiterrühren, bis sich die Masse als Kloß vom Topf löst und eine weiße Haut den Boden überzieht. Die Masse in eine Schüssel umfüllen, etwas auskühlen lassen und zuerst das Eigelb vollständig einarbeiten, bis es sich ganz mit dem Teig verbunden hat. Dann das Ei unterrühren, bis ein glatter, sämiger Teig entsteht. Mit Folie bedecken und den Teig im Kühlschrank auskühlen lassen.

2. In der Zwischenzeit die Kirschen für die Füllung halbieren. Die Marzipanrohmasse klein würfeln. Kirschen, Marzipan, Zitronenschale und den braunen Zucker miteinander vermengen.

3. Den Teig auf einer bemehlten Arbeitsfläche ausrollen. Da er sehr weich ist, muß man ihn immer von der Arbeitsfläche lösen, erneut mit Mehl bestauben und wenden. Den Vorgang so lange wiederholen, bis der Teig etwa 3 mm stark ist. Mit dem Ausstecher sehr eng nebeneinander Plätzchen ausstechen. Den übrigen Teig erneut ausrollen und Plätzchen ausstechen. Auf jedes der runden Teigplätzchen einen Teelöffel der Sauerkirschfüllung geben, die Ränder mit Eiweiß bestreichen, zusammenklappen und vorsichtig andrücken. Das Öl in der Friteuse oder einem entsprechend großen Topf auf 160 °C erhitzen und die Krapfen darin portionsweise fritieren, bis sie sich aufwölben und fast zu platzen scheinen, das dauert etwa 4 Minuten.

4. Für das Sabayon Eigelbe, das Ei, Zucker, Zimt und Salz mit einem Schneebesen in einer Rührschüssel cremig rühren. Die Schüssel auf ein Wasserbad setzen, das Wasser darf jedoch nicht kochen, sondern soll gerade unter dem Siedepunkt gehalten werden. Den Marsala zur Eigelb-Zucker-Mischung gießen und die Sauce mit dem Schneebesen schaumig schlagen, bis sie ungefähr das Doppelte an Volumen erreicht hat.

5. Die Krapfen auf Tellern mit dem Zimtsabayon anrichten. Mit Puderzucker besieben, mit Sauerkirschen garnieren und servieren.

ÖSTERREICH

In die Mitte der flachgedrückten Teigstücke etwa 1 TL Powidl setzen. Die Teigränder über die Füllung falten und zusammendrücken, damit diese beim Backen nicht ausläuft. Die nochmals gegangenen Buchteln in der Butter drehen; damit sie nicht zusammenkleben und sich nach dem Backen leicht voneinander lösen lassen. Die Oberfläche ebenfalls mit Butter bestreichen.

Dukatenbuchteln

KLEINE HEFETEIGKUGELN, MIT POWIDL GEFÜLLT UND MIT MANDELSAUCE SERVIERT.

»Dukaten« heißen diese kleinen Buchteln, da sie klein und fein wie die alten Goldmünzen sind, im Gegensatz zu den großen, in Süddeutschland weit verbreiteten Rohrnudeln.

Für die Buchteln:
500 g Mehl, 200 ml lauwarme Milch
25 g Hefe, 70 g Butter, 70 g Zucker, 1/4 TL Salz
abgeriebene Schale von 1/2 unbehandelten Zitrone
2 Eier, 400 g Powidl (Pflaumenmus)
Für die Mandelsauce:
10 g Speisestärke, 1/2 l Milch, 2 Eigelbe
40 g Zucker, 1/2 Vanilleschote
150 g Marzipanrohmasse, 2 cl Amaretto
Außerdem:
100 g zerlassene Butter für die Form, zum Bestreichen
Puderzucker zum Besieben

1. Für den Teig das Mehl in eine Schüssel sieben und in die Mitte eine Vertiefung drücken. Die Milch hineingießen und die Hefe darin auflösen, mit einer Mehlschicht bedecken. Mit einem Tuch abdecken und den Teigansatz etwa 15 Minuten an einem warmen Ort gehen lassen, bis die Oberfläche Risse zeigt. Die Butter zerlassen und darin den Zucker, das Salz, die Zitronenschale und die Eier cremig verrühren. Die Mischung zum Vorteig geben und mit dem Mehl zu einem glatten, trockenen Teig schlagen. Abdecken und nochmals 15 Minuten gehen lassen.

Während die kleinen Buchteln meist ungefüllt und mit Vanillesauce gereicht werden, kommen sie hier einmal mit einem leckeren Kern aus Pflaumenmus und in Begleitung einer Mandelsauce auf den Tisch.

ÖSTERREICH

2. Den Teig zu Strängen von 2 cm Durchmesser rollen und davon 3 cm lange Stücke (je etwa 25 g schwer) abschneiden. Auf der Arbeitsfläche mit der hohlen Hand »schleifen«, das heißt zu nahtlosen Kugeln rollen. Diese mit dem Handballen flachdrücken. Weiterverfahren, wie in den ersten beiden Bildern oben links gezeigt. Die zusammengefalteten Buchteln in der Hand erneut rund rollen, auf ein bemehltes Brett legen, abdecken und gehen lassen, bis sie ihr Volumen fast verdoppelt haben.

3. Eine feuerfeste Form großzügig mit Butter ausstreichen. Die Buchteln hineingeben, wie im dritten Bild gezeigt. Im vorgeheizten Ofen bei 200 °C 15 Minuten backen. Erneut mit Butter bestreichen. Bei 220 °C weiterbacken, bis die Buchteln goldbraun sind, das dauert etwa 25 Minuten.

4. Für die Sauce die Speisestärke mit 2 bis 3 EL Milch und den Eigelben verrühren. Die restliche Milch mit dem Zucker und der aufgeschlitzten Vanilleschote aufkochen. Die Vanilleschote aus der kochenden Milch nehmen und das Mark in die heiße Milch zurückstreifen. Die Sauce mit der angerührten Stärke binden und einmal aufwallen lassen. Die Marzipanrohmasse in Flöckchen unter die heiße Sauce rühren, bis sie glatt ist. Den Amaretto zugießen. Die Mandelsauce durch ein feines Sieb passieren und abkühlen lassen.

Die zarte, nach Butter schmeckende Kruste macht die Buchteln zu einer besonderen Delikatesse. Wer statt der Mandelsauce lieber eine Vanillesauce dazu reichen will, läßt einfach die Marzipanrohmasse und den Amaretto weg.

Kastanienparfait mit Schokoladensabayon

EINE SCHWEIZER SPEZIALITÄT – DAS PARFAIT AUS MARONI, AROMATISIERT MIT COGNAC.

Nicht nur als Beilage geschätzt, nein, Eßkastanien bieten sich auch für Desserts an, hat man sie erst einmal aus der harten Schale gepult. Wem das mühsame Schälen und Kochen zu viel Arbeit ist, der kann das Kastanienpüree auch fertig kaufen.

Für das Kastanienparfait:
600 g Eßkastanien, 1 Messerspitze Salz
220 g Halbbitter-Kuvertüre
65 ml Wasser
85 g Butter, 125 g feiner Zucker
Mark von 1/2 Vanilleschote
2 cl Cognac
Für die Kumquats:
150 g Kumquats
80 ml frisch gepreßter Orangensaft, 30 g Zucker
Für das Schokoladen-Sabayon:
4 Eigelbe, 80 g Zucker
50 g Milch-Kuvertüre, flüssig
1/8 l Milch, 4 cl Crème de cacao (dunkel)

Hervorragende Eßkastanien oder Maroni gedeihen in der Südschweiz. Im Tessin etwa – wo viele Dörfer in der ersten Oktoberhälfte ihr eigenes, spezielles Kastanienfest feiern.

Das Schokoladensabayon paßt geschmacklich perfekt zum Kastanienparfait, da auch dieses einen Anteil Schokolade enthält. Und die Kumquats runden mit ihrer leicht bitteren Note das Ganze noch angenehm ab.

Außerdem:
1 Dachrinnenform, Folie, 1/8 l Sahne, 20 g Zucker
Schokoladenspäne aus Halbbitter-Kuvertüre

1. Für das Parfait zunächst ein Kastanienpüree herstellen. Dafür die Kastanien mit einem kleinen scharfen Messer kreuzweise einritzen, ohne das Fruchtfleisch zu verletzen. Bei 220 °C im vorgeheizten Ofen 10 Minuten backen. Herausnehmen und von den heißen Kastanien die Schale sowie die dünne Innenhaut entfernen, am besten hält man sie dabei mit einem Tuch. Die geschälten Früchte in einem Topf mit Wasser bedecken, das Salz zufügen und 40 Minuten köcheln lassen. Herausnehmen, abtropfen lassen und mit einem Teigschaber durch ein Sieb streichen. Für dieses Rezept benötigt man 375 g Kastanienpüree.

SCHWEIZ

2. Die Dachrinnenform mit Folie auslegen. Die Kuvertüre in Stücke schneiden und auf einem Wasserbad schmelzen. Mit dem Wasser glattrühren und die Kuvertüre auf Handwärme abkühlen lassen. Die Butter mit dem Zucker und dem Vanillemark schaumig rühren, die Kuvertüre untermischen. Das Kastanienpüree und den Cognac einrühren, alles gut vermengen. In die Form füllen, mit Folie abdecken und im Kühlgerät einige Stunden frieren.

3. Die Kumquats waschen, abtropfen lassen und quer in etwa 3 mm dicke Scheiben schneiden. Den durchgeseihten Orangensaft mit dem Zucker aufkochen und etwa auf die Hälfte reduzieren. Die Kumquatscheiben darin einmal aufkochen, vom Herd nehmen und abkühlen lassen.

4. Die Sahne mit dem Zucker steifschlagen und in einen Spritzbeutel mit Sterntülle Nr. 10 füllen.

5. Für das Schokoladensabayon in einer Rührschüssel die Eigelbe, den Zucker, die flüssige Kuvertüre und die Milch auf einem Wasserbad schaumig schlagen, bis die Creme das Doppelte an Volumen erreicht hat. Die Crème de Cacao sorgfältig unterrühren. Das Sabayon vom Wasserbad nehmen, in eine Schüssel mit Eiswasser stellen und kaltschlagen.

6. Das Parfait auf eine Platte stürzen und die Folie abziehen. In dünne Scheiben schneiden und auf Tellern mit den Kumquats sowie dem Schokoladensabayon anrichten. Mit einer Sahnerosette und Schokoladenraspeln garnieren und servieren.

SCHWEIZ

Birnenpastete mit Marzipanmantel

ALS PERFEKTE ERGÄNZUNG EINE RAFFINIERT AROMATISIERTE SCHOKOLADENSAUCE.

Optisch und geschmacklich dem traditionellen »Birawegge« nachempfunden, unterscheidet sich diese süße Pastete in der Zubereitung doch wesentlich von ihrem Vorbild. Handelt es sich bei dem einen um eine Variante des vielerorts beliebten Früchtebrots, so ist das andere ein üppiges Gelee aus frischen und getrockneten Birnen, eingehüllt in eine dünne Marzipanschicht.

Für die Birnenpastete:
300 g Dörrbirnen, 1 kg Birnen, 500 g Zucker
8 cl Birnenlikör, 100 g Walnußkerne, halbiert
abgeriebene Schale von 1 unbehandelten Zitrone
8 Blatt weiße Gelatine
Für die Marzipanhülle:
200 g Marzipanrohmasse
100 g Puderzucker
Für die Schokoladensauce:
150 g Kuvertüre, 80 ml Milch, 100 ml Sahne
30 g Honig, 8 cl Birnenlikör
Außerdem:
1 Terrinenform von 24 cm Länge und 1 l Inhalt
Alufolie für die Form
200 ml Sahne, 30 g Zucker
Mark von 1/2 Vanilleschote
20 g gehackte Pistazienkerne zum Bestreuen

Die Birnenterrine aus dem Kühlschrank nehmen, aus der Form stürzen und die Alufolie entfernen. Hochkant auf die ausgerollte Marzipanplatte legen. Von der Marzipanplatte die Ränder gerade abschneiden, und die Birnenpastete mit Hilfe einer Palette in die Marzipanplatte einschlagen, bis sie ganz mit Marzipan eingekleidet ist.

SCHWEIZ

Die Dörrbirnen in einer Schüssel mit kaltem Wasser bedecken und über Nacht einweichen. Herausnehmen, gut ausdrücken und durch die feine Scheibe des Fleischwolfs drehen. Die frischen Birnen schälen, halbieren, vom Kerngehäuse befreien und in 1,5 cm große Stücke schneiden. Mit dem Zucker in einem Topf gut vermischen und unter ständigem Rühren so lange kochen (etwa 40 Minuten), bis die Masse um die Hälfte reduziert ist. Dörrbirnen, Likör, Walnüsse, Zitronenschale gut mit der Masse verrühren, erneut aufkochen, die eingeweichte und ausgedrückte Gelatine darin auflösen. Die Terrinenform mit Alufolie auslegen, die Masse einfüllen und über Nacht in den Kühlschrank stellen. Marzipanrohmasse und Puderzucker verkneten und auf einer mit Puderzucker bestaubten Arbeitsfläche etwa 3 mm dick zu einem Rechteck von etwa 30 cm Länge und 26 cm Breite ausrollen. Weiterverfahren, wie gezeigt. Für die Sauce die Kuvertüre zerkleinern und in einer Schüssel auf einem Wasserbad schmelzen. Milch, Sahne und Honig aufkochen und unter die geschmolzene Kuvertüre rühren. Mit dem Mixstab homogenisieren und abkühlen lassen. Den Birnenlikör einrühren. Sahne mit Zucker und Vanillemark halbsteif schlagen. Die Pastete mit Pistazien bestreuen, in Scheiben schneiden und mit Sahne und Schokoladensauce anrichten.

Ein ausgesprochenes Herbstrezept, verlangt es doch nach vollreifen Birnen und knackigen Walnußkernen. Und die sind nun mal um diese Zeit am besten.

SCHWEIZ

Damit die Nocken ihre schöne Form erhalten, sollte man sie aus der im Kühlschrank festgewordenen, gut durchgekühlten Mousse mit einem Eßlöffel in genügendem Abstand ausstechen.

Mousse au chocolat mit Maracujasauce

UND HIMBEERSAHNE – ATTRAKTIV SERVIERT IN EINEM KÖRBCHEN AUS SCHOKOLADE.

Nun ist eine Mousse au chocolat zwar nichts aufregend Neues. Aber richtig zubereitet wird dieser Klassiker nach wie vor zum höchst delikaten Dessert. Und ganz besonders, wenn die Mousse so schön serviert wird wie hier, in einem selbst hergestellten Schokoladenkörbchen. Weil sie jedoch etwas gehaltvoll ist, kommt eine Mousse nie in großen Mengen auf den Tisch. Aus der gut durchgekühlten Masse werden pro Portion jeweils nur eßlöffelgroße Nocken abgestochen.

Für die Mousse au chocolat:
200 g Kuvertüre
5 Eiweiße
100 g Zucker, 1/8 l Sahne
5 Eigelbe
30 g Vanillezucker
4 cl starker Kaffee
Für die Maracujasauce:
4 Purpurgranadillas (etwa 90 g Fruchtfleisch)
150 ml Orangensaft
60 ml Weißwein
80 g Zucker
Für die Himbeersahne:
120 g Himbeeren
200 ml Sahne
50 g Zucker
Außerdem:
Schokoladenkörbchen
Zitronenmelisse zum Garnieren

Die Schokoladenkörbchen herstellen, wie in der Bildfolge nebenan gezeigt. Für die Mousse au chocolat die Kuvertüre in Stücke brechen und in einer Schüssel auf einem Wasserbad schmelzen. Die Eiweiße mit dem Zucker zu steifem Schnee schlagen. Die Sahne steif

Schokoladenkörbchen herstellen: Eine Halbkugel von etwa 8 cm Durchmesser mit Alufolie überziehen und völlig glattstreichen. Temperierte Kuvertüre in eine Pergamentspritztüte füllen. Die Halbkugel ganz unregelmäßig mit der Kuvertüre überspritzen. Nach dem Erstarren den Rand mit einem Messer lösen. Das Körbchen samt Alufolie von der Kugel heben. Die Alufolie vorsichtig entfernen.

SCHWEIZ

schlagen. Die Eigelbe mit dem Vanillezucker schaumig rühren. Den Kaffee unter den Eigelbschaum mischen. Die geschmolzene Kuvertüre unterrühren. Die Sahne mit dem Schneebesen einmelieren und sofort den Eischnee unterheben. Die Schokoladenmasse in eine flache Form füllen und im Kühlschrank erstarren lassen. Für die Maracujasauce die Purpurgranadillas halbieren und das Fruchtfleisch mit einem Löffel herauslösen. Mit dem Orangensaft, dem Weißwein und dem Zucker in einem Topf zum Kochen bringen und um 1/3 einkochen lassen. Vom Herd nehmen und die Sauce erkalten lassen. Die Himbeeren pürieren und durch ein Sieb passieren. Die Sahne mit dem Zucker steif schlagen und das Himbeermark unterziehen. Die Himbeersahne in einen Spritzbeutel mit Sterntülle füllen. Die Mousse au chocolat ausstechen, wie in den beiden Bildern links oben gezeigt. Die vorbereiteten Schokoladenkörbchen auf Teller verteilen. Etwas Himbeersahne rosettenförmig hineinspritzen, die Moussenocke daraufsetzen und etwas Maracujasauce dazugießen. Mit den Melisseblättchen garnieren und sofort servieren.

Schokolade und Fruchtaromen, bewährt in der Kombination. Letztere stecken zum einen in der Sahne, die mit ihrem Himbeergeschmack überrascht, zum andern in der Sauce.

ITALIEN

Reis-Quitten-Nocken mit Holunderkompott

EINE AUSGESPROCHEN HERBSTLICHE KOMBINATION: AROMATISCHE QUITTEN UND HERBFRUCHTIGER HOLUNDER.

Ein schmackhaftes Dessert, nicht zuletzt der Quitten wegen. Diese in Vergessenheit geratenen Früchte werden bei uns meist nur von Liebhabern gezogen. Ihres herbsäuerlichen Geschmacks, harten Fleisches und Steinzellen wegen sind sie zwar als Tafelobst zum Rohessen nicht geeignet, gekocht jedoch schmecken sie hervorragend.

Für die Nocken:
1/4 l Milch, 1/4 l Sahne
Mark von 1/2 Vanilleschote, 5 cm Zimtstange
Schale von 1/2 unbehandelten Zitrone, 60 g Zucker
1 Prise Salz, 200 g Milchreis, 400 g Quitten
200 ml Weißwein, Saft von 1/2 Zitrone
2 Eigelbe, 1 Eiweiß, 40 g Zucker
Für den Krokant:
75 g Zucker
75 g grobgehackte, geröstete Mandeln
Für das Holunderkompott:
300 g Holunderbeeren, 150 ml Rotwein
75 ml Orangensaft, 90 g Zucker, 3 Nelken
Außerdem:
3/4 l Milch, 1/2 Vanilleschote
Zitronenmelisse zum Garnieren

Holunderbeeren und Quitten – reichlich beschenkt uns die Natur im Herbst. Die Hollerbeeren sind weit verbreitete Wildfrüchte. Quitten finden sich in unseren Breiten etwas seltener, im gesamten Mittelmeerraum hingegen häufiger. Die Wahl des Weins für das Kompott bleibt dem eigenen Geschmack überlassen: das Aroma des hier verwendeten – ein Kalterer See – rundet die Quitten-Holunder-Kombination jedoch bestens ab.

1. Milch, Sahne, Vanillemark, Zimt, Zitronenschale, Zucker und Salz aufkochen. Den Reis unter Rühren einrieseln und bei geringer Hitze 25 Minuten quellen lassen.

2. Von den Quitten den Flaum mit einem Tuch abreiben, die Früchte schälen, halbieren, vom Kerngehäuse befreien und fein würfeln. Wein und Zitronensaft erhitzen, die Quitten 5 bis 8 Minuten darin kochen lassen. Abseihen – den aufgefangenen Sud unter den Reis mischen. Diesen bei 150 °C im vorgeheizten Ofen in etwa 20 Minuten fertiggaren. Herausnehmen, Quittenwürfel und Eigelbe untermischen. Auskühlen lassen.

3. Für den Krokant den Zucker zu hellem Karamel schmelzen. Die Mandeln schnell unterrühren. Sofort vom Herd nehmen und auf eine geölte Arbeitsfläche geben. Mit einem gut eingeölten Rollholz zu einer etwa 1 cm dicken Platte ausrollen und erkalten lassen. Dann mit einem Gewichtstein oder Fleischklopfer zerschlagen. Dafür den Krokant mit einem Ring umstellen, damit die Teilchen nicht umherspringen.

4. Die Holunderbeeren von den Stielen zupfen, vorsichtig waschen und gut abtropfen lassen. Wein, Orangensaft, Zucker und Nelken aufkochen. Die Holunderbeeren 4 bis 5 Minuten darin köcheln. Die Nelken entfernen, abkühlen lassen.

5. Zimtstange und Zitronenschale aus dem Reis entfernen. Das Eiweiß zu steifem Schnee schlagen, dabei den Zucker langsam einrieseln lassen. Den Reis in eine Schüssel umfüllen, den Eischnee unterheben. Milch und Vanilleschote aufkochen und die Hitze reduzieren. Mit angefeuchteten Händen aus der Reismasse 8 ovale Klößchen formen und in der Milch in etwa 12 Minuten garziehen lassen. Herausheben und gut abtropfen lassen. Den Holunder auf 4 tiefe Teller verteilen, darauf die Nocken anrichten, mit Krokant bestreuen, mit Melisse garnieren und servieren.

ITALIEN

Crema fritta

FRISCH FRITIERTE VANILLECREMESCHNITTCHEN, SERVIERT IN SAUERKIRSCHSAUCE.

Die Creme für diese kleinen, feinen Häppchen muß einige Zeit vor dem Verzehr zubereitet werden, denn sie sollte mindestens 1 Stunde im Kühlschrank auskühlen, bevor sie stückweise in heißem Fett ausgebacken wird.

Für die Creme:
1/2 l Milch, Mark von 1/2 Vanilleschote
125 g Mehl, 100 g Zucker, 1 Prise Salz
2 Eier, 6 Eigelbe, 25 g zerlassene Butter
Für die Sauerkirschsauce:
150 g Sauerkirschen, 50 ml Rotwein
50 ml Orangensaft, 80 g Zucker
1 Messerspitze gemahlener Zimt

Die erkaltete Creme mit einer großen Palette zunächst quer in 2 cm breite Streifen schneiden.

Das Arbeitsbrett drehen und die schmalen Streifen im Abstand von 4 cm längs durchschneiden.

Die Cremestücke zuerst in den verquirlten Eiern, dann in den Semmelbröseln wenden.

Einfach, aber raffiniert – panierte und fritierte Cremestückchen in einer dunkelroten Kirschsauce aus pürierten Sauerkirschen, Rotwein und Orangensaft.

1 Messerspitze gemahlene Nelken
1/4 TL Speisestärke
Außerdem:
1 Form oder Blech von 16 x 16 cm
15 g zerlassene Butter
2 Eier und 150 g Semmelbrösel zum Panieren
Pflanzenöl zum Fritieren, Puderzucker zum Bestauben
Pfefferminzblättchen zum Garnieren

Die Milch mit dem Vanillemark in einem Topf kurz aufkochen und vom Herd stellen. Das Mehl in eine Schüssel sieben, den Zucker, das Salz, die Eier und die Eigelbe zugeben und alles mit einem Schneebesen kräftig durchrühren. Die heiße

ITALIEN

Milch durch ein Sieb nach und nach zugießen und sorgfältig unterrühren. Die Masse in einen Topf umfüllen. Unter ständigem Rühren aufkochen, die Hitze etwas reduzieren und 5 Minuten köcheln lassen. Vom Herd nehmen und die Butter unterrühren. Die Form mit etwas zerlassener Butter ausstreichen. Die Creme einfüllen und gleichmäßig darin verstreichen. Die Oberfläche mit der restlichen zerlassenen Butter bestreichen. Die Creme im Kühlschrank vollständig erkalten lassen. Für die Sauce die Sauerkirschen waschen und entsteinen. Den Rotwein mit dem durchgeseihten Orangensaft und dem Zucker in einem Topf aufkochen, die Kirschen und Gewürze einlegen und 5 Minuten köcheln lassen. Mit dem Mixstab pürieren und durch ein feines Sieb passieren. Das Kirschpüree erneut aufkochen und mit der in wenig Wasser angerührten Speisestärke binden. Abkühlen lassen. Die Panade vorbereiten. Dafür die Eier in einem tiefen Teller mit einer Gabel verquirlen. Auf einen zweiten Teller die Semmelbrösel geben. Die kalte Creme auf eine Platte stürzen und weiterverfahren, wie links gezeigt. Das Öl auf 180 °C erhitzen und die panierten Cremestückchen darin portionsweise goldgelb ausbacken. Auf Küchenpapier abtropfen lassen. Die Crema fritta mit Sauerkirschsauce anrichten, mit Puderzucker bestauben und mit Minze garnieren.

ITALIEN

Zuchtbrombeeren erreichen zwar nicht ganz das intensive Aroma der wildwachsenden, aber dafür sind die Beeren fast ganzjährig verfügbar.

Brombeerparfait

OPTISCH WIE GESCHMACKLICH EIN GENUSS: ZARTSCHMELZENDER EISKRANZ, GEFÜLLT MIT APRIKOSENKOMPOTT.

Halbgefrorenes oder Parfait nennt man diese Sorte von Eis, die nicht gerührt, sondern einfach im Kühlschrank gefroren wird. Im Grundrezept sind immer Sahne und Eier mit im Spiel, die dann mit den unterschiedlichsten Geschmacksgebern kombiniert werden können – in diesem Fall sind es frische Brombeeren.

Für das Parfait:
180 g frische Brombeeren, 20 ml Zitronensaft
4 Eigelbe, 120 g Zucker
150 ml Milch
1/2 Vanilleschote
150 ml Sahne
Für das Aprikosenkompott:
500 g frische Aprikosen
125 g Zucker
200 ml Wasser
Saft von 1/2 Zitrone
20 g geschälte Mandeln, halbiert
2 cl Amaretto
Außerdem:
1 Ringform von 18 cm Durchmesser und 1 l Inhalt
1/8 l Sahne
1 EL Zucker
20 g geröstete Mandelblättchen
einige Brombeeren zum Garnieren

1. Die Brombeeren waschen und verlesen. Mit dem Zitronensaft pürieren und durch ein feines Sieb passieren.

2. Die Eigelbe mit dem Zucker in einer Rührschüssel cremig rühren. Die Milch mit der aufgeschlitzten Vanilleschote aufkochen. Die Vanilleschote herausnehmen und das noch anhaftende Mark in die Milch zurückstreifen. Mit einer Schöpfkelle die noch heiße Milch langsam zu der Eigelbmasse gießen, dabei ständig rühren.

3. Die Creme in einen Topf umfüllen und unter ständigem Rühren erhitzen, sie darf jedoch nicht kochen. Die Creme ist dann genügend heiß, wenn sie auf dem Kochlöffel leicht angedickt liegen bleibt. Durch ein feines Haarsieb passieren und mit dem Mixer kalt rühren.

4. Die Ringform in das Gefrierfach des Kühlschranks kalt stellen. Die Sahne steif schlagen. Das Brombeermark unter die kalte Creme rühren und die Sahne unterheben. Die Masse in die vorgekühlte Ringform füllen und frieren.

5. Für das Kompott die Aprikosen blanchieren, kalt abschrecken, häuten, halbieren, die Steine entfernen und das Fruchtfleisch in 1,5 cm große Stücke schneiden. Den Zucker mit dem Wasser und dem Zitronensaft zum Kochen bringen und etwa 2 bis 3 Minuten kochen lassen. Wenn nötig, abschäumen. Die Aprikosen zufügen und etwa 8 Minuten köcheln lassen, dabei die Hitze gerade unter dem Siedepunkt halten. Nach der halben Kochzeit die Mandeln zufügen. Den Amaretto einrühren und erkalten lassen.

6. Die Sahne mit dem Zucker steif schlagen. In einen Spritzbeutel mit Lochtülle Nr. 2 füllen. Das Parfait aus dem Kühlschrank nehmen, kurz unter heißes Wasser halten und auf eine Platte stürzen. In die Mitte das Aprikosenkompott füllen. Das Parfait mit Sahne, Mandelblättchen und Brombeeren verzieren und servieren.

ITALIEN

Milch und Milchprodukte, vor allem Sahne und Butter, spielen in den Küchen Norditaliens eine große Rolle. Etwa im Aostatal oder in Piemont verfeinern sie viele Gerichte und sind die Basis zahlreicher köstlicher Desserts.

Panna cotta

»GEKOCHTE SAHNE« – EIN CREMIG-ZARTES DESSERT, DAS VOR ALLEM IM PIEMONT GERN GEGESSEN WIRD.

Gleich ob im Restaurant oder zu Hause, die Italiener haben eine Vorliebe für gestürzte Cremedesserts. Zu der üppigen, sahnig-milden Panna cotta paßt geschmacklich eine fruchtige Sauce am besten. In diesem Fall ist es eine Aprikosensauce, die dazu gereicht wird, weil sie mit ihrem Aroma sowie der feinen Säure der Aprikosen die Creme sehr gut ergänzt. Wichtig ist es, rechtzeitig mit der Vorbereitung zu beginnen, da die Panna cotta im Kühlschrank fest werden muß – und das dauert doch einige Stunden.

Für die Panna cotta:
3/4 l Sahne
1 Vanilleschote
75 g Zucker
1 Stück Schale von einer unbehandelten Zitrone
5 Blatt weiße Gelatine
Für die Aprikosensauce:
250 g vollreife Aprikosen
5 cl Läuterzucker
1 EL Limettensaft
2 cl Apricot Brandy, 1 cl Cognac
Außerdem:
4 feuerfeste Förmchen von je 200 ml Inhalt
2 Aprikosen, 4 Schokoladenblätter zum Garnieren

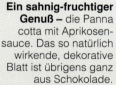

Ein sahnig-fruchtiger Genuß – die Panna cotta mit Aprikosensauce. Das so natürlich wirkende, dekorative Blatt ist übrigens ganz aus Schokolade.

1. Für die Panna cotta die Sahne in einer Kasserolle mit der aufgeschlitzten Vanilleschote, dem Zucker und der Zitronenschale aufkochen. Etwa 15 Minuten köcheln lassen, dabei immer wieder umrühren. Den Topf vom Herd stellen, die Vanilleschote herausnehmen und das anhaftende Mark in die heiße Sahne zurückstreifen. Die Zitronenschale entfernen.

2. Die Gelatineblätter in kaltem Wasser einweichen, gut ausdrücken und in der noch heißen Sahne auflösen.

3. Die Förmchen mit kaltem Wasser ausspülen, die Sahnecreme einfüllen und 5 bis 6 Stunden im Kühlschrank fest werden lassen.

4. Für die Sauce die Aprikosen blanchieren, kalt abschrecken und die Haut abziehen. Die Früchte halbieren und entsteinen. Das Fruchtfleisch mit dem Mixstab pürieren und anschließend durch ein Sieb streichen. Das Aprikosenmark mit dem

Läuterzucker, dem Limettensaft, dem Brandy und dem Cognac aufkochen und etwa 5 Minuten köcheln lassen. Vom Herd nehmen und auskühlen lassen.

5. Die Aprikosen zum Garnieren blanchieren, häuten, halbieren und die Steine entfernen.

6. Die Förmchen mit der Panna cotta aus dem Kühlschrank nehmen. Mit einem Messer zwischen Creme und dem Rand der Förmchen entlangfahren, die Förmchen kurz in heißes Wasser tauchen und die Panna cotta auf Teller stürzen.

7. Neben die gestürzte Creme auf jeden Teller eine Aprikosenhälfte legen und diese, aber nicht die Panna cotta, mit der Aprikosensauce übergießen. Mit einem Schokoladenblatt garnieren und servieren.

ITALIEN

Fritole Venessiana

KÖSTLICHE KLEINE KRAPFEN, IN FETT AUSGEBACKEN, SERVIERT MIT EINEM ROTWEIN-SABAYON.

Fritole gehören in Venedig ebenso zum Karneval wie die Masken. Eins wäre ohne das andere nicht denkbar. Früher gab es sogar eine eigene Zunft der »fritoleri«. Sie umfaßte 70 Mitglieder und jeder einzelne Krapfenbäcker hatte in der Serenissima seinen abgegrenzten Verkaufsbezirk. Heute sind die »fritoleri« längst aus dem Stadtbild verschwunden. Geblieben sind die »fritole«, die so gut schmecken, daß es schade wäre, sie nur zur Karnevalszeit zu essen.

Für den Hefeteig:
300 g Mehl, 25 g Hefe, 150 ml lauwarme Milch
25 g zerlassene Butter, 1 Ei, 40 g Zucker, 2 cl Grappa
abgeriebene Schale von 1/2 unbehandelten Zitrone
1/4 TL Salz, 30 g Zitronat, 30 g Orangeat
30 g Pinienkerne, 30 g Rosinen
Für das Rotwein-Sabayon:
3 Eigelbe, 100 g Zucker, 1/8 l Rotwein
Außerdem:
Öl zum Ausbacken, Puderzucker zum Besieben

1. Das Mehl in eine Schüssel sieben, in die Mitte eine Mulde drücken. Die Hefe hineinbröckeln, mit der Milch auflösen, dabei etwas Mehl vom Rand untermischen. Den Teigansatz mit Mehl bestauben, die Schüssel mit einem Tuch bedecken und den Teigansatz an einem warmen Ort 15 Minuten gehen lassen.

2. Zerlassene Butter mit Ei, Zucker, Grappa, Zitronenschale und Salz vermengen und mit dem Holzspatel unter den Vorteig mischen. Den Teig mit den Händen so lange schlagen, bis er glatt und glänzend ist, Blasen wirft und sich gut von der Schüssel löst. Mit einem Tuch bedecken und den Teig an einem warmen Ort gehen lassen, bis er das Doppelte seines Volumens erreicht hat.

3. Zitronat und Orangeat fein hacken und mit Pinienkernen und Rosinen rasch unter den Teig kneten. Den Teig nochmals 10 bis 15 Minuten zugedeckt gehen lassen. Mit einem Eßlöffel kleine Krapfen abstechen und in der auf 140 °C erhitzten Friteuse in 6 bis 8 Minuten hellbraun ausbacken. Die Fritole mit dem Schaumlöffel herausheben und auf Küchenpapier abtropfen lassen.

4. Für das Sabayon Eigelbe und Zucker mit dem Schneebesen cremig rühren. Die Schüssel auf ein Wasserbad setzen. Das Wasser soll aber nicht kochen, sondern knapp unter dem Siedepunkt gehalten werden. Den Rotwein zugießen und die Creme mit dem Schneebesen schaumig schlagen, bis sie das Doppelte ihres Volumens erreicht hat. Die Schüssel aus dem Wasserbad nehmen, in eine zweite Schüssel mit Eiswasser stellen und das Rotwein-Sabayon kalt schlagen.

5. Die Fritole mit Puderzucker besieben und mit dem Rotwein-Sabayon servieren.

Venedig ▶
im frühen Abendlicht – bald haben die Tauben den Markusplatz wieder für sich.

ITALIEN

Weit ist der Blick von den Hügeln des Veneto. Wie viele Dörfer und Städtchen Italiens liegt auch Bassano del Grappa, von einer schützenden Stadtmauer umgeben, hoch oben am Berg.

Zuppa inglese

EIN LIEBLINGSDESSERT DER ITALIENER: LÖFFELBISKUITS, IN LIKÖR GETRÄNKT, ZWISCHEN ZWEIERLEI CREMES.

Seinen Namen verdankt dieses Dessert weniger einer »englischen Suppe« als vielmehr der verwendeten Vanillecreme, die in der Fachsprache als »englische Creme« gehandelt wird. Eine andere Theorie besagt, daß es nach den Löffelbiskuits benannt sei, die bei den älteren Leuten auch »inglesi« heißen. Doch ganz gleich, woher der Name auch stammt, die »zuppa inglese« ist in jedem Fall eines der besten italienischen Desserts.

Für die Löffelbiskuits:
6 Eigelbe, 130 g Zucker, Mark von 1/2 Vanilleschote
4 Eiweiße, 60 g Speisestärke, 65 g Mehl
Puderzucker zum Besieben
Für die Vanillecreme:
1/2 l Milch, 1/2 Vanilleschote, 5 Eigelbe
100 g Zucker, 2 Eiweiße
Für die Schokoladencreme:
250 g Ricotta, 50 g Zucker
80 g Halbbitter-Kuvertüre, fein gehackt
Außerdem:
Pergamentpapierstreifen in 10 cm Breite
8 cl Läuterzucker, 8 cl Amaretto
30 g Zartbitter-Schokolade, gehobelt
50 g Amarena-Kirschen
Puderzucker zum Besieben

Für die Löffelbiskuits die Eigelbe, 1/4 des Zuckers und das Vanillemark in einer Rührschüssel mit dem Schneebesen cremig rühren. Die Eiweiße zu steifem Schnee schlagen, dabei den restlichen Zucker einrieseln lassen. Zuerst die gesiebte Speisestärke mit einem Kochlöffel vorsichtig unter den Eischnee heben. Dann die Eigelbmasse und zuletzt das gesiebte Mehl unterziehen. Ein Backblech mit den Pergamentpapierstreifen auslegen. Die Biskuitmasse in einen Spritzbeutel mit Lochtülle Nr. 8 füllen und »Löffel« aufspritzen, die Enden sollten etwas verdickt sein. Die Löffelbiskuits mit Puderzucker besieben und bei 200 °C im vorgeheizten Ofen 8 bis 10 Minuten backen. Her-

Die Löffelbiskuits mit der Läuterzucker-Amaretto-Mischung tränken und die Schokoladencreme darauf verteilen. Mit einer Schicht Löffelbiskuits belegen, diese gut tränken. Darauf die Hälfte der Vanillecreme verteilen, mit Löffelbiskuits bedecken und diese erneut gut tränken. Darauf die restliche Vanillecreme verteilen und sternförmig mit Löffelbiskuits belegen.

ITALIEN

ausnehmen und die Biskuits vom Backpapier lösen. Für die Vanillecreme die Milch mit der aufgeschlitzten Vanilleschote einmal aufkochen lassen. Die Schote entfernen und das Mark in die Milch zurückstreifen. Die Eigelbe mit 1/3 des Zuckers in einer Schüssel mit dem Schneebesen cremig rühren. Die heiße Milch langsam unter die Eigelbmasse rühren. In eine Kasserolle umfüllen und die Creme erhitzen, bis sie dickflüssig wird. Dabei mit einem Holzspatel gleichmäßig rühren, damit sie nicht anhängt. Die Creme darf aber auf keinen Fall kochen. Vom Herd nehmen. 1/3 der Vanillecreme beiseite stellen. Die Eiweiße zu steifem Schnee schlagen, dabei den restlichen Zucker einrieseln lassen. Den Eischnee unter die übrigen 2/3 der noch heißen Vanillecreme rühren. Sie wird dadurch gelockert und gleichzeitig stabilisiert. Ricotta mit Zucker cremig rühren, das beiseite gestellte Drittel der Vanillecreme unterrühren und die Kuvertüre untermischen. Läuterzucker mit Amaretto vermischen. Den Boden einer entsprechend großen Schüssel mit Löffelbiskuits auslegen und weiterverfahren, wie in der Bildfolge links gezeigt. Die Schüssel 3 bis 4 Stunden in den Kühlschrank stellen. Herausnehmen, mit der gehobelten Schokolade und den Amarena-Kirschen verzieren. Erst kurz vor dem Servieren mit Puderzucker besieben.

Die Löffelbiskuits werden bis auf die oberste Schicht mit Amaretto und Läuterzucker getränkt. Dieser läßt sich ganz leicht herstellen, indem man 500 g Zucker mit 1/2 l Wasser 1 Minute sprudelnd kocht. Der Zuckersirup kann dann bis zu einem halben Jahr im Kühlschrank aufbewahrt werden.

Topfenpalatschinken

VERFEINERT MIT FRISCHEN APRIKOSENSTÜCKCHEN – EIN DESSERT AUS DEM OFEN, DAS IMMER GUT ANKOMMT.

Zwar artverwandt, doch dünner als Pfannkuchen ausgebacken, zählen Palatschinken zu den Klassikern der österreich-ungarischen Mehlspeisenküche. Sie können ganz verschieden gefüllt werden, mit Marmelade, einer Masse aus geriebenen Nüssen oder wie hier, mit einer feinen Quarkcreme.

Für den Palatschinkenteig:
100 g Mehl, 1/8 l Milch
60 ml Sahne
2 Eier, 1 Prise Salz
1 TL Zucker, 1 EL Pflanzenöl
Für die Füllung:
250 g frische Aprikosen
50 g weiche Butter
100 g Zucker, 1/4 TL Salz
abgeriebene Schale von 1 unbehandelten Zitrone
2 EL Aprikosenlikör
2 Eigelbe, 400 g trockener Topfen (Schichtkäse)
2 Eiweiße
Für die Royale:
1 Ei, 60 ml Sahne, 1 EL Zucker
Außerdem:
Butter zum Ausbacken, 20 g Butter, in Flöckchen
Puderzucker zum Besieben

Für den Teig das Mehl in eine Schüssel sieben. Milch, Sahne, Eier, Salz, Zucker und Öl zufügen und alles zu einem dünnen, glatten Teig verrühren. 1 Stunde ruhen lassen. Die Aprikosen blanchieren, kalt abschrecken und häuten. Die Früchte halbieren und die Kerne entfernen. Aprikosenfruchtfleisch in kleine Stücke schneiden. Für die Topfencreme die weiche Butter mit der Hälfte des Zuckers, dem Salz, der Zitronenschale und dem Likör schaumig rühren. Die Eigelbe einrühren und die Masse mit dem Topfen vermengen. Die Aprikosenstückchen unterheben. Die Eiweiße steif schlagen, dabei den restlichen Zucker einrieseln lassen und den Eischnee unter die Topfen-Aprikosen-Masse ziehen. In einer Pfanne von 18 cm Durchmesser etwas Butter zerlassen. Den Palatschinkenteig nochmals durchrühren und nacheinander 8 bis 10 dünne Palatschinken backen, herausheben und auf einen Teller schichten. Die Palatschinken füllen, wie links gezeigt. Eine entsprechend große Auflaufform mit Butter ausfetten und die gefüllten Palatschinken hineinsetzen. Für die Royale das Ei gut mit der Sahne und dem Zucker verquirlen. Die Palatschinken mit der Royale übergießen und mit Butterflöckchen belegen. Bei 200 °C im vorgeheizten Ofen etwa 25 Minuten backen. Herausnehmen, mit Puderzucker besieben und sofort servieren.

Je 1/8 bis 1/10 der Füllung auf eine Palatschinke geben, mit einer Palette gleichmäßig verstreichen, dabei einen Rand rundherum frei lassen. Auf diese Weise nacheinander alle Palatschinken mit der Topfencreme füllen. Vorsichtig aufrollen, damit die Füllung nicht seitlich heraustritt.

Gebackene Quitten mit Zimteiscreme

MIT EINER HERBEN PREISELBEERSAUCE HARMONIERT DAS AROMA DER QUITTEN BESONDERS GUT.

Der original ungarische Tokajer verleiht den Quitten zudem eine ganz eigene Note. Man sollte deshalb unbedingt diesen, zugegebenermaßen nicht ganz billigen Dessertwein verwenden. Doch Qualität hat ihren Preis. Die natürliche Süße des Tokajers rührt daher, daß die Trauben erst gelesen werden, wenn sie eingeschrumpft sind. Die Beeren werden dann mit Most oder Jungwein vergoren. Je höher die angegebene »Butten-Zahl«, desto besser die Qualität. Sie wird bestimmt durch die Menge der zugegebenen Trockenbeerenmaische.

Als Dessert sind Quitten zeitweilig etwas in Vergessenheit geraten, inzwischen jedoch erneut zu Ehren gekommen. Noch heiß aus dem Ofen sind sie ein vorzüglicher Kontrast zum kühl auf der Zunge schmelzenden, aromatischen Zimteis.

Für das Zimteis:
1/4 l Milch, 1/4 l Sahne
1 Prise Salz
2 Zimtstangen von je etwa 7 cm Länge, in Stücken
6 Eigelbe, 100 g Zucker
Für die Quitten:
2 Quitten (je etwa 300 g)
Saft von 1 Zitrone zum Einlegen der Quitten
250 g Zucker, 1/2 l Wasser
100 ml Zitronensaft, 1 Zimtstange, 1 Nelke
50 g brauner Zucker
50 ml Original Tokajer Ausbruch, 5-buttig
Für die Preiselbeersauce:
1/8 l Wasser, 70 g Zucker, etwas Zimtrinde
1 Nelke, Saft von 1/2 Orange
200 g frische Preiselbeeren
Außerdem:
Zitronenmelisseblättchen zum Garnieren

1. Für das Zimteis die Milch mit der Sahne, dem Salz und den Zimtstangen aufkochen, beiseite stellen und 1 Stunde ziehen lassen. Die Eigelbe mit dem Zucker in einer Schüssel cremig, aber nicht schaumig rühren. Die Zimtmilch nochmals aufkochen lassen und nach und nach unter die Eigelbmasse rühren. Die Mischung in eine Kasserolle gießen, erhitzen und dabei ununterbrochen mit einem Holzspatel rühren, bis die Creme beginnt, dickflüssig zu werden. Sie darf auf keinen Fall kochen. Die Creme durch ein feines Sieb gießen, auf Eiswasser abkühlen und von Zeit zu Zeit umrühren. Die erkaltete Creme in die Eismaschine schütten und frieren.

2. Die Quitten waschen, abtropfen lassen und längs halbieren. Das Kerngehäuse der Früchte am besten mit einem Kugelausstecher entfernen und die Quittenhälften bis zur weiteren Verwendung in Zitronenwasser legen, da sie sonst braun werden. Den Zucker mit Wasser, Zitronensaft und den Gewürzen in einem Topf aufkochen. Die Quittenhälften einlegen und 15 Minuten darin kochen. Die Quitten mit einem Schaumlöffel herausheben und mit der Schnittfläche nach oben in eine feuerfeste Form setzen. Den Sud auf etwa 150 ml einkochen lassen. Die Quitten damit übergießen und mit braunem Zucker bestreuen. Den Tokajer in die Quitten füllen. Bei 220 °C im vorgeheizten Ofen etwa 20 Minuten backen, bis die Oberfläche der Quitten goldgelb ist.

3. Für die Preiselbeersauce Wasser, Zucker und die Gewürze einige Minuten sprudelnd aufkochen lassen. Die Flüssigkeit abseihen. Den Orangensaft und die verlesenen, gewaschenen Preiselbeeren zugeben. Weiterkochen, bis die Beeren leicht zu schrumpfen beginnen. Abkühlen lassen.

4. Je 1 Quittenhälfte mit 1 Kugel Zimteis auf einem Teller anrichten, mit der Preiselbeersauce übergießen, mit Melisseblättchen garnieren und sofort servieren.

Traubenkuchen

KNUSPRIGER TEIG, SÜSSE BEEREN UND EIN FEINER GUSS, UNTER DEM GRILL LEICHT KARAMELISIERT.

Zwischen den Flüssen Drau, Donau und Save liegt, klimatisch begünstigt, das kroatische Tiefland. Dort gedeihen in Weingärten und -lauben hervorragende Trauben, die im Herbst zu den unterschiedlichsten Desserts verarbeitet werden. Charakteristisch für die kroatische Küche ist auch die Verwendung von Sauerrahm, der hier als Guß über die Trauben kommt.

Für den Mürbteig:
110 g Mehl
75 g Butter
20 g Puderzucker
1 Eigelb
1 Prise Salz
Mark von 1/4 Vanilleschote
Für den Belag:
250 g kleine, weiße Trauben
Für den Guß:
250 g saure Sahne (10 % Fett), 1 Ei
30 g Zucker
Mark von 1/4 Vanilleschote
Außerdem:
1 Obstkuchenform von 18 cm Durchmesser
Backpapier und Hülsenfrüchte zum Blindbacken
1 Eigelb zum Bestreichen
Puderzucker zum Besieben
gezuckerte Trauben zum Garnieren

Frisch aus dem Ofen, noch warm, schmeckt der Traubenkuchen besonders gut. Er kann aber auch kalt serviert werden – das bleibt ganz dem eigenen Gutdünken überlassen.

Weinbeeren aus Kroatien sind zuckersüß und voller Aroma. Wer sie nicht bekommt, kann jedoch auch auf eine andere helle Traubensorte zurückgreifen.

1. Für den Mürbteig das Mehl auf eine Arbeitsfläche sieben. In die Mitte eine Mulde drücken. Die Butter in Stücken, den Puderzucker, das Eigelb, das Salz und das Vanillemark hineingeben. Die Zutaten zunächst mit einer Gabel zerdrücken, dann mit einer Palette oder einem großen, breiten Messer zu feinen Krümeln hacken. Erst jetzt alles mit den Händen zu einem glatten Teig verkneten. Dabei rasch arbeiten, damit der Teig nicht zu warm wird. Er gerät sonst brüchig und läßt sich nicht mehr so gut verarbeiten. In Folie wickeln und den Teig mindestens 1 Stunde im Kühlschrank ruhen lassen.

KROATIEN

2. Den Teig auf einer bemehlten Arbeitsfläche ausrollen und die Kuchenform damit auslegen. Den Teigrand mit einer Kugel aus Teig oder mit den Händen an die Form drücken und den überstehenden Teig abschneiden. Den Teigboden mit einer Gabel mehrmals einstechen. Zurechtgeschnittenes Backpapier einlegen, Hülsenfrüchte darauf verteilen und den Mürbteigboden bei 220 °C im vorgeheizten Ofen 10 Minuten »blindbacken«. Herausnehmen, Backpapier und Hülsenfrüchte entfernen. Den Teigboden mit dem verquirlten Eigelb bestreichen und nochmals 5 Minuten backen.

3. Die Trauben gründlich waschen, gut abtropfen lassen und abzupfen. Den vorgebackenen Teigboden gleichmäßig mit den Beeren belegen.

4. Für den Guß die saure Sahne, das Ei, den Zucker und das Vanillemark gut miteinander verrühren und gleichmäßig über die Trauben verteilen. Bei 200 °C im vorgeheizten Ofen etwa 35 Minuten backen. Aus dem Ofen nehmen und mit Puderzucker besieben. Den Kuchen unter dem vorgeheizten Grill gratinieren, bis ein guter Teil des Puderzuckers karamelisiert ist. Mit gezuckerten Trauben garnieren und servieren.

BOSNIEN

Marillenreis

EIN SÜSSER AUFLAUF MIT DEN KLEINEN, SEHR SÜSSEN UND VOLLMUNDIG SCHMECKENDEN APRIKOSEN AUS BOSNIEN.

Durch die überaus günstigen klimatischen Verhältnisse gedeihen in weiten Landstrichen Bosniens und der Herzegowina viele Obstsorten: Äpfel, Pflaumen, Himbeeren, Trauben, Pfirsiche und eben auch Aprikosen. Obst hat daher seit altersher eine große Bedeutung in den dortigen Küchen, und es gibt zahlreiche Speisen, in denen die aromatischen, heimischen Früchte Verwendung finden.

Für den Marillenreis:
600 g reife Aprikosen, 100 g Zucker
Abgeriebenes und Saft von 1/2 unbehandelten Zitrone
300 ml Milch
Mark von 1/2 Vanilleschote
1/4 TL Salz, 100 g Milchreis
100 g Makronen (zum Beispiel Amaretti)
4 cl Apricot Brandy
40 g Butter, 2 Eigelbe, 2 Eiweiße
Außerdem:
1 Auflaufform von 1,5 l Inhalt
Butter für die Form, Puderzucker zum Besieben

Die zerbröselten Makronen auf dem Boden der Form verteilen, darauf die Aprikosen einfüllen.

Die Reismasse gleichmäßig über die Früchte verteilen und die Oberfläche glattstreichen.

Die Aprikosen blanchieren, abschrecken, häuten, halbieren, die Kerne entfernen und das Fruchtfleisch in etwa 2 cm große Stücke schneiden. 4 Aprikosenkerne mit einem festen Gegenstand aufschlagen und den Samen auslösen. Die Aprikosen in einer Kasserolle mit 60 g Zucker, der Zitronenschale, dem Zitronensaft und den ausgelösten Aprikosensamen vermengen und 5 Minuten köcheln lassen. Die Aprikosensamen entfernen. Die Früchte auf ein Sieb schütten, den ablaufenden Saft auffangen. Milch, Aprikosensaft, Vanillemark und Salz in einem Topf zum Kochen bringen. Den Reis unter Rühren einrieseln lassen, bei sehr geringer Hitze 20 bis 30 Minuten ausquellen lassen, dabei ab und zu umrühren. Vom Herd nehmen und erkalten lassen. Die Makronen zerbröseln, in einer Schüssel mit dem Apricot Brandy begießen, durchmischen und 10 Minuten ziehen lassen. 20 g Zucker in einer Schüssel mit der Butter schaumig rühren. Die Eigelbe nacheinander zufügen, jedes Eigelb einzeln gut unterrühren. Die Eigelb-Butter-Mischung unter den erkalteten Reis rühren. Die Eiweiße zu steifem Schnee schlagen, dabei den restlichen Zucker einrieseln lassen. Den schnittfesten Eischnee vorsichtig unter die Reismasse heben. Eine Auflaufform mit Butter ausfetten. Die Form füllen, wie in der Bildfolge oben gezeigt. Den Marillenreis bei 180 °C im vorgeheizten Ofen 30 bis 35 Minuten backen. Mit Puderzucker besieben und servieren.

BOSNIEN

Mandelbrote
GEFÜLLT MIT KIRSCHEN UND DAZU EINE WEIN-SCHAUMSAUCE MIT FRUCHTIGEM WEISSWEIN.

In Milch eingeweichtes und in Butter gebratenes Weißbrot vom Vortag, das ist eine Zubereitungsart aus der Alltagsküche, die wohl in allen Ländern Europas in ähnlicher Art anzutreffen ist – mal mit Füllung, mal ohne. Für das Rezept eignet sich übrigens ein Laib von etwa 10 cm Durchmesser. Die Füllung aus vollreifen, schwarzen Kirschen, wie sie auf dem Balkan gedeihen, und das Sabayon erheben diese Version des sonst eher einfachen Gerichts schon fast zu einem Luxusdessert.

Für die Kirschfüllung:
300 g Süßkirschen, 120 g Marzipanrohmasse
5 cl Kirschwasser
Für die Weißbrotscheiben:
8 Scheiben Weißbrot vom Vortag (je etwa 2 cm dick)
150 ml Milch, 1 Messerspitze gemahlene Nelken
1/4 TL gemahlener Zimt
Für die Panade:
2 Eier, 60 g Semmelbrösel
60 g gemahlene Mandeln, ungeschält
Für das Weißwein-Sabayon:
3 Eigelbe, 100 g Zucker, 1/8 l Weißwein
Außerdem:
Butter zum Braten

Die gefüllten Brotscheiben müssen unmittelbar nach dem Braten serviert werden: Heiß schmecken sie am besten. Die knusprige Hülle und das weiche Innere ergeben einen interessanten Kontrast.

1. Die Kirschen waschen, gut abtropfen lassen, entsteinen und in kleine Stücke schneiden. Marzipan und Kirschwasser cremig rühren und die vorbereiteten Kirschen unterheben.

2. Die Brotscheiben horizontal halbieren. Dafür mit einem Messer die Scheiben in der Mitte teilen, ohne sie jedoch ganz durchzuschneiden. Sie sollten an einer Längsseite noch zusammenhängen. Die Milch mit den Nelken und dem Zimt in einer Schüssel gut vermischen. Die halbierten Brotscheiben darin rasch wenden und herausnehmen. Die Kirschfüllung mit einem Messer gleichmäßig in den Brotscheiben verteilen und diese anschließend leicht zusammendrücken.

BOSNIEN

3. Für die Panade die Eier in einem tiefen Teller gut verquirlen. In einem anderen die Semmelbrösel und Mandeln vermischen. Die gefüllten Brotscheiben zuerst in den verquirlten Eiern wenden und anschließend in der Brösel-Mandel-Mischung wälzen. Die Panade leicht andrücken.

4. Die Butter in einer Pfanne zerlassen und die gefüllten Brotscheiben bei reduzierter Hitze von jeder Seite etwa 4 Minuten braten.

5. Inzwischen das Sabayon zubereiten. Dafür die Eigelbe und den Zucker mit dem Schneebesen in einer Rührschüssel cremig rühren. Die Schüssel auf ein Wasserbad setzen – das Wasser darf aber nicht kochen, sondern soll gerade unter dem Siedepunkt gehalten werden. Den Weißwein zur Eigelb-Zucker-Mischung gießen und mit dem Schneebesen schaumig schlagen, bis die Creme das Doppelte an Volumen erreicht hat. Die Schüssel aus dem Wasserbad heben und in eine zweite Schüssel mit Eiswasser stellen. Das Sabayon mit dem Schneebesen kalt schlagen.

6. Die gefüllten Brote mit Puderzucker besieben, mit dem Weinsabayon auf Teller anrichten und sofort servieren.

GRIECHENLAND

Zitronengrießschnitten mit Nektarinenkompott

SÜSSE KÖSTLICHKEITEN VOM PELOPONNES – MIT DEM AROMA AM BAUM GEREIFTER ZITRUSFRÜCHTE.

Grieß ist in Griechenland wie überall im Vorderen Orient sehr beliebt. Für Desserts wird er nach Belieben mit Gewürzen oder Früchten ergänzt.

Für die Grießschnitten:
3 Eier
300 g Zucker
90 g Hartweizengrieß
Mark von 1 Vanilleschote
abgeriebene Schale von 1 unbehandelten Zitrone
1/2 l Milch
1 Prise Salz
1 Filoteigblatt (von 35 x 45 cm)
100 g zerlassene Butter zum Bestreichen

Die rechteckige Filoteigplatte zur Hälfte (quer) mit zerlassener Butter, die andere Hälfte mit zwei Dritteln des Grießbreis bestreichen und die gebutterte Teighälfte darüberklappen.

Ebenso die eine Hälfte des gefüllten Teiges mit Butter, die andere mit dem restlichen Grießbrei bestreichen.

Die mit Butter bestrichene Seite über die mit dem Grießbrei bedeckte Hälfte schlagen.

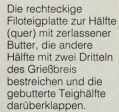

Aus der doppelt gefalteten Teigplatte mit einer Palette 5,5 x 5 cm große Rechtecke abtrennen. Ergibt 16 Stück.

Grieß auf griechisch: Besonders delikat in dieser Version, bei der Grießbrei zwischen hauchdünnem Filoteig gebacken und dann mit Zitronensirup aromatisiert wird.

Für den Zitronensirup:
1/8 l Wasser, 100 g Zucker, Saft von 1 Zitrone
1 Stück Zimtstange (etwa 5 cm)
Für das Nektarinenkompott:
400 g Nektarinen, 20 g Orangenblütenhonig
80 g Zucker, 100 ml Orangensaft, 20 ml Zitronensaft
abgeriebene Schale von 1 unbehandelten Orange
Außerdem:
20 g geröstete Mandelblättchen zum Bestreuen
Pfefferminzblättchen zum Garnieren

Die Eier in eine Schüssel aufschlagen, Zucker zufügen und mit dem Schneebesen cremig rühren. Den Grieß einrühren. Vanillemark, Zitronenscha-

GRIECHENLAND

le, Milch und Salz untermischen und die Masse in eine Kasserolle umfüllen. Bei mittlerer Hitze unter ständigem Rühren zum Kochen bringen. Wenn die Grießmasse angedickt ist, vom Herd nehmen und auskühlen lassen. Weiterverfahren, wie links gezeigt. Ein Backblech mit zerlassener Butter bepinseln und die Grießschnittchen auf das Blech setzen. Die Oberfläche mit zerlassener Butter bestreichen. Bei 200 °C im vorgeheizten Ofen 20 Minuten backen. Für den Sirup in einem Topf Wasser mit Zucker, durchgesiebtem Zitronensaft sowie der Zimtstange kochen, bis die Flüssigkeit eine sirupartige Konsistenz hat. Abkühlen lassen. Die Oberfläche der gebackenen Grießschnitten damit bepinseln und mit Mandelblättchen bestreuen. Für das Kompott die Nektarinen blanchieren und häuten. Die Früchte halbieren, den Stein entfernen und die Nektarinen in Spalten schneiden. In einem Topf den Honig mit dem Zucker, dem durchgeseihten Orangen- und Zitronensaft sowie der Orangenschale aufkochen und etwa 5 Minuten köcheln lassen. Die Nektarinenspalten einlegen, 2 bis 3 Minuten mitköcheln und abkühlen lassen. Die Grießschnittchen mit dem Kompott auf Tellern anrichten und mit Minzeblättchen garnieren.

TÜRKEI

Zitronen sind in der türkischen Küche sehr beliebt. Sie geben vielen Gerichten die entsprechend frische Note. Gerade auch bei Desserts finden die säuerlichen Früchte häufig Verwendung.

Tulumba tatlısı
IN ZUCKERSÜSSEM SIRUP GETRÄNKT, GEHÖREN DIE SPRITZKUCHEN ZUM STANDARDREPERTOIRE TÜRKISCHER KONDITOREIEN.

Türkische Desserts lassen Träume aus Tausendundeinernacht wahr werden: Honigsüße Blätterteigwürfel, Geleestückchen, gebackene Sesamscheiben, Reispudding oder in dünne Teigfäden eingewickelte Walnüsse verführen zum Schlemmen. Besonders Istanbul ist berühmt für seine Süßigkeitenvielfalt. Im »tatlıcı«, der Konditorei, werden laufend Bleche mit duftendem, frischem Gebäck angeboten. Wenn mit dem »Şeker Bayrami«, dem Zuckerfest, die türkische Fastenzeit zu Ende geht, haben die Konditoreien Hochbetrieb. Jeder steht geduldig an und kauft süße Köstlichkeiten mit so poetischen Namen wie »Lippen der schönen Frau«, »Nachtigallennester« oder »Frauennabel«. Die nebenstehenden ausgebackenen Spritzkuchen kommen als »Tulumba tatlısı« zum Verkauf. Gegessen werden die in Zitronensirup getränkten Kuchen entweder zum Dessert, im Restaurant ebenso gerne wie zu Hause, oder man bestellt sie unterwegs im »pastahane«, einer Art Café, zu einem Gläschen »çay« (türkischer Tee).

Auf jeden Pergamentpapierstreifen mit dem Spritzbeutel nebeneinander 3 Teigstreifen aufspritzen.

Die Teigstreifen mit dem Messer in 5,5 cm lange Stücke schneiden, das ergibt pro Blatt 9 Stücke.

Für den Sirup:
1 unbehandelte Zitrone, 5 Stück Würfelzucker
1/2 l Wasser, 400 g Zucker
Für die Spritzkuchen:
1/4 l Wasser, 30 g Butter, 1 Prise Salz, 20 g Zucker
70 g Hartweizengrieß, 180 g Mehl, 4 Eier
Außerdem:
Fett zum Ausbacken, Pergamentpapier
zerlassene Butter zum Einfetten des Pergamentpapiers
20 g gehackte Pistazien zum Bestreuen

1. Für den Sirup die Zitrone unter fließendem heißen Wasser abbürsten, abtrocknen und mit dem Würfelzucker die Schale abreiben. Den Saft auspressen. In einem Topf Wasser, Würfelzucker, Zitronensaft und Zucker zum Kochen bringen. So lange kochen, bis sich der Zucker aufgelöst hat. Vom Herd nehmen und erkalten lassen.

2. Für den Teig Wasser, Butter, Salz und Zucker in einer Kasserolle unter ständigem Rühren einmal aufkochen. Den Grieß mit dem gesiebten Mehl auf einmal in die kochende Flüssigkeit schütten, dabei ununterbrochen kräftig weiterrühren, bis sich die Masse als Kloß vom Topfboden löst, »abbrennt«, wie es in der Fachsprache heißt, und eine weiße Haut den Topfboden überzieht.

3. Den Teig in eine Schüssel umfüllen, etwas abkühlen lassen. 1 Ei unter die Masse rühren, bis es sich völlig mit dem Teig verbunden hat. Nacheinander alle Eier einarbeiten, dabei jedes Ei gut unterrühren, bevor das nächste folgt. Den Teig in einen Spritzbeutel mit Sterntülle Nr. 11 füllen. 4 Pergamentpapierstreifen in der Größe 15 x 20 cm zurechtschneiden und mit zerlassener Butter bestreichen. Weiterverfahren, wie in den Bildern oben gezeigt.

4. Die Friteuse auf 180 °C erhitzen. Die Pergamentstreifen anheben, umdrehen und in das heiße Fett legen. Das Papier läßt sich dann mühelos von den Teigstücken abziehen. Die Spritzkuchen lagenweise goldgelb ausbacken. Mit einem Schaumlöffel vorsichtig herausheben und auf Küchenpapier abtropfen lassen.

5. Die gebackenen, noch heißen Spritzkuchen in den Sirup tauchen. Herausnehmen und die Spritzkuchen auf einer Platte anrichten. Mit den gehackten Pistazien bestreuen und servieren.

Safranreis

IN DER TÜRKEI AUCH »HOCHZEITSREIS« GENANNT, WEIL EIN KLASSISCHES DESSERT ZU DIESEM ANLASS.

Safranreisdesserts sind jedoch auch fest verankert in der türkischen Alltagsküche, wo einfachste Zutaten und die oft kapriziöse orientalische Kochkunst mit ihrem außerordentlichen Reichtum an Gewürzen eine sehr gewinnbringende Verbindung eingehen. Mit hervorragendem Ergebnis, wie das nebenstehende Beispiel zeigt. Türkische Köche verstehen es meisterhaft, aus alltäglichen Zutaten wie Grieß oder Reis vorzügliche Desserts zu zaubern. In diesem Fall wird der Reis mit Rosenwasser und Safran veredelt, dem teuersten Gewürz der Welt. Hinzu kommen noch Granatäpfel, die vielleicht typischsten Früchte des Orients überhaupt. Mit ihren zahlreichen Fruchtkernen waren sie, man aß Granatäpfel schon in biblischen Zeiten oder noch früher, ein Symbol der Fruchtbarkeit. Werden sie geerntet, bevor sie völ-

Safran wird aus den Blütennarben des *Crocus sativus* gewonnen. Die mühsame Ernte beginnt in der Regel im Oktober und dauert etwa vier Wochen. Die beste Erntezeit ist in den frühen Morgenstunden.

lig ausgereift sind, lassen sich Granatäpfel sehr gut lagern. Selbst zu uns auf den Markt kommen Granatäpfel in ordentlicher Qualität, da die saftigen Fruchtkerne in ihrer natürlichen Verpackung auch längere Reisen gut überstehen. Sie sorgen mit ihrem leicht säuerlichen Geschmack für den Ausgleich zum süßen Reisdessert. Und geröstete Pinienkerne geben dem Ganzen noch ein leicht nussiges Aroma.

Für den Safranreis:
1 l Wasser
200 g Zucker
125 g Rundkornreis
1 Döschen Safranpulver
20 g Reismehl
Saft von 1/2 Zitrone
1 cl Rosenwasser

TÜRKEI

Außerdem:
20 g Pinienkerne, 1 Granatapfel
Pfefferminzblättchen zum Garnieren

1. Das Wasser in einem Topf mit dem Zucker aufkochen. Den Reis zuschütten und die Hitze etwas reduzieren. Den Reis etwa 20 Minuten bei geringer Hitze ausquellen lassen.

2. Das Safranpulver in ganz wenig Wasser auflösen und unter den Reis rühren. Das Reismehl ebenfalls mit etwas Wasser anrühren und unter den Reis mischen. Köcheln lassen, bis der Reis leicht eindickt, dabei gelegentlich umrühren. Gegen Ende der Kochzeit den Zitronensaft und das Rosenwasser einrühren. Vom Herd nehmen und den Reis gleichmäßig in 4 Dessertschalen verteilen und darin abkühlen lassen.

3. Die Pinienkerne in einer beschichteten Pfanne hellbraun rösten. Den Granatapfel auseinanderbrechen oder -schneiden und die Kerne herauslösen. Die bitteren Zwischenhäute entfernen.

4. Den in den Schalen bereitgestellten Safranreis mit den gerösteten Pinienkernen sowie den Granatapfelkernen bestreuen, mit Pfefferminzblättchen garnieren und servieren.

MAROKKO

Ein Wasserverkäufer, wie sie auf marokkanischen Suks oft zu sehen sind. In seinen glänzenden Bechern bietet er das kostbare Naß zur Erfrischung an.

Reispudding mit Orangensalat

REIS, DATTELN, ORANGEN UND PINIENKERNE SIND WICHTIGE ZUTATEN DER MAROKKANISCHEN KÜCHE, NICHT NUR FÜR DESSERTS.

Unter seinem Namen »Roz bil Halib« ist dieser marokkanische Reispudding bekannt. Wie andere Puddingdesserts wird auch er in der Menüfolge traditionell vor den zum Abschluß eines Mahls gereichten frischen Früchten serviert. Der Orangensalat ist eine weitere, sehr erfrischende maghrebinische Spezialität. Die marokkanische Küche lebt von dem Überfluß, den die Natur diesem Land bietet: von frischem Obst bis hin zu Gemüse sowie unzähligen Gewürzen gedeiht dort bei genügender Bewässerung alles. Zum Aromatisieren vieler Desserts wird Orangenblütenwasser verwendet, das ihnen mit seinem unverwechselbaren Duft eine besondere Note verleiht.

Für den Reispudding:
1 l Milch, 80 g Rundkornreis
30 g Reismehl
100 g Zucker
100 g geschälte Mandeln, gemahlen
1 Bittermandel, gemahlen
Mark von 1/2 Vanilleschote
1 cl Orangenblütenwasser
Für die Garnitur:
50 g Rosinen
1 cl Orangenblütenwasser
30 g Pinienkerne
1 Orange
25 g Makronen (zum Beispiel Amaretti)
1/2 TL gemahlener Zimt
Für den Orangensalat:
4 Orangen, 8 Datteln
20 g geröstete Pinienkerne
1 cl Orangenblütenwasser

1. Für den Reispudding die Milch in einem Topf zum Kochen bringen und den Reis unter Rühren einrieseln lassen. Die Hitze reduzieren und den Reis 20 Minuten köcheln lassen. Das Reismehl mit etwas Wasser anrühren und unter den Reis mischen. Den Zucker, die Mandeln, die Bittermandel und das Vanillemark einrühren und den Reis unter ständigem Rühren so lange köcheln lassen, bis er eindickt. Den Reis vom Herd nehmen und das Orangenblütenwasser unterrühren. In Dessertschalen füllen und erkalten lassen.

2. Für die Garnitur die Rosinen 30 Minuten in dem Orangenblütenwasser einweichen. Die Pinienkerne in einer beschichteten Pfanne rösten. Die Orange schälen, in Scheiben schneiden und auf dem Reis anrichten. Mit den Rosinen, den Pinienkernen und den Makronen bestreuen und mit Zimt besieben.

3. Für den Salat die Orangen schälen und dabei möglichst sorgfältig die bittere weiße Innenhaut mitabziehen. Die Orangen am besten mit einer Aufschnittmaschine oder mit einem Sägemesser in gleichmäßig dünne, etwa 4 mm starke Scheiben schneiden. Die Datteln entkernen und in kleine Würfel schneiden. Die Orangenscheiben auf Teller verteilen, mit den Dattelwürfeln und den Pinienkernen bestreuen und mit dem Orangenblütenwasser beträufeln.

Makronen und Pinienkerne ▶ geben dem Reispudding das knackige Etwas. Sehr gut dazu paßt ein erfrischender Salat aus dünn geschnittenen Orangenscheiben.

SRI LANKA

Auf Sri Lanka herrschen paradiesische Zustände, was das Angebot an ausgereiften, hoch aromatischen Früchten anbelangt. Bestes Beispiel sind die kleinen Zuckerbananen, die an der Staude ausreifen und mit ihrem hohen Zuckergehalt für dieses Dessert wie geschaffen sind.

Flambierte Bananen
DIE WOHL BEEINDRUCKENDSTE ART, EIN DESSERT VOR DEN AUGEN DER GÄSTE FERTIGZUSTELLEN.

Das optische Erlebnis trägt maßgeblich zum hohen Beliebtheitsgrad dieser Zubereitung bei: Blau-gelbe Flammen steigen für einen kurzen Moment auf, um dann schnell wieder zu erlöschen. Flambieren bedeutet, mit Butter und Zucker benetzte Speisen mit etwas Alkohol zu übergießen und diesen kurz abzuflammen. Dabei entwickeln sich Aromastoffe und der Alkohol verflüchtigt sich. Zurück bleibt die geschmackliche Essenz, die den Früchten das gewisse Etwas verleiht. Zum Flambieren eignen sich hochprozentige Spirituosen wie Brandy, Rum, Kirschwasser sowie auch Grand Marnier und Arrak. Für dieses Rezept kann man auch die normalen Obstbananen verwenden, allerdings sollen sie reif sein, denn dann haben sie möglichst viel von ihrem natürlichen Zuckergehalt entwickelt, und dieser ist für den Geschmack des Gerichtes von Bedeutung.

Die Bananen selbst werden nicht flambiert, sondern nur der Zuckersaft in der Pfanne. Die Früchte kommen unmittelbar nach dem Abflammen des Alkohols wieder hinzu, ansonsten würden sie durch die starke Hitzeeinwirkung zu weich werden.

Früchte flambieren – darauf versteht sich D. Sunil, der Sous-Chef vom Colombo-Interconti perfekt. Neben Bananen eignen sich dafür auch andere Exoten wie etwa Ananas oder Zitrusfrüchte gut.

2 unbehandelte Orangen
12 kleine Bananen (etwa 600 g)
70 g Butter
80 g brauner Zucker
Saft von 1 Limette
4 cl Grand Marnier
1 cl Arrak
Außerdem:
Ananasminze zum Garnieren

1. Die Orangen waschen und mit einem Tuch abtrocknen. Von 1 Orange die Schale mit einem scharfen Messer hauchdünn abschälen, es darf nichts von der weißen Haut mitabgeschält werden, denn diese kann bitter schmecken. Die Schale in feine Streifen schneiden. Beide Orangen aus-

SRI LANKA

pressen, den Saft durch ein feines Sieb passieren und bis zur weiteren Verwendung beiseite stellen.

2. Die Bananen schälen und längs halbieren. In einer Flambierpfanne 40 g Butter zerlassen und die Bananenhälften bei starker Hitze von beiden Seiten anbraten. Den Pfanneninhalt auf eine Platte schütten und warm stellen.

3. Die restliche Butter in der Flambierpfanne zerlassen, die Orangenzesten und den Zucker zugeben. So lange rühren, bis der Zucker geschmolzen ist. Mit Orangen- und Limettensaft ablöschen und die Sauce bei starker Hitze 2 bis 3 Minuten einkochen. Grand Marnier und Arrak zugeben, die Pfanne etwas schräg halten und ein Feuerzeug oder Streichholz an den Rand der Pfanne halten, der Funken springt schnell über und setzt den Alkohol in Flammen. Darauf achten, daß in diesem Moment weder Gesicht noch Haare über der Pfanne sind, denn die Flammen schlagen sofort hoch. Die angebratenen Bananen zusammen mit dem Bratfond in die Flambierpfanne zurückgeben und in der Flüssigkeit nochmals richtig erhitzen.

4. Die Bananen auf Tellern anrichten und mit einigen Blättchen Ananasminze garnieren. Dazu paßt sehr gut kühles Vanilleeis.

INDIEN

Zimtstangen sind in Südindien und Sri Lanka ein wichtiges Exportprodukt. Dafür wird nicht die gesamte Rinde des Zimtbaums verwendet, sondern die Stangen bestehen nur aus der getrockneten Innenrinde.

Gebackenes Obst

SÜDFRÜCHTE IM TEIGMANTEL – EINE RAFFINIERTE ART, LEICHTES MIT ÜPPIGEM ZU KOMBINIEREN.

Frische Früchte mit Teig zu umhüllen und in heißem Fett knusprig zu braten ist vielerorts bekannt, man denke nur an Apfelküchle oder an Feigen im Teig. Doch nicht nur die mitteleuropäischen Sommerfrüchte lassen sich gut mit einem wohlschmeckenden Mantel umgeben. Auch aus vielen tropischen Früchten lassen sich mit dieser Zubereitungsart überraschend gute Desserts zaubern. Im Klima Indiens gedeiht eine Vielzahl an Südfrüchten, die dazu verwendet werden können, allerdings muß man beachten, daß sehr wasserreiche Früchte wie beispielsweise Wassermelonen dazu nicht geeignet sind. Ganz im Gegensatz zu Ananas, Banane, Mango oder Brotfrucht, die mit ihrem festen Fruchtfleisch den Teig nach dem Backen nicht aufweichen können.

Für den Backteig:
150 ml Milch, 150 g Weizenmehl
1 TL gemahlener Zimt, 1 TL gemahlener Kardamom
1 Prise Salz
Für die Maracujasauce:
2 Maracujas (etwa 40 g Fruchtfleisch)
Saft von 1 Orange, Saft von 1 Zitrone
60 g Zucker
Für das Obst:
1/2 Ananas, 1 Mango, 1 Banane
2 Aprikosen, 2 Pfirsiche
Außerdem:
Pflanzenöl zum Fritieren
125 g Joghurt

1. Für den Teig die Milch lauwarm erhitzen. Das Mehl unter Rühren einrieseln lassen und mit Zimt, Kardamom und Salz würzen. Den Teig 30 Minuten quellen lassen.

2. Für die Maracujasauce die Maracujas halbieren und das Fruchtfleisch mit einem Löffel ausschaben. In einem Töpfchen mit dem Orangensaft, dem Zitronensaft und dem Zucker aufkochen. Die Hitze reduzieren und die Flüssigkeit etwa 5 Minuten einkochen lassen. Die Sauce durch ein feines Sieb passieren.

3. Das Obst vorbereiten. Dafür die Ananashälfte schälen, der Länge nach nochmals teilen, den Strunk herausschneiden und das Fruchtfleisch in 1,5 cm breite Stücke schneiden. Die Mango schälen und längs in 3 Teile schneiden, dabei mit dem Messer dicht entlang beiden Seiten des Steins fahren. Das Fruchtfleisch quer in 1,5 cm große Stücke schneiden. Die Banane schälen und in 2 cm dicke Scheiben schneiden. Die Aprikosen und Pfirsiche waschen und trockentupfen. Die Aprikosen quer in 3 Teile, die Pfirsiche in 6 Ringe schneiden und die Kerne herausziehen.

4. Das Öl in einem großen Topf oder in der Friteuse auf 170 °C erhitzen. Die Obststücke einzeln in den Teig tauchen und in dem Fett hellbraun ausbacken. Herausnehmen und auf Küchenpapier abtropfen lassen.

5. Die Obststücke mit der Sauce und dem Joghurt auf Tellern anrichten. Mit Puderzucker besieben.

THAILAND

Ananasreis

SERVIERT IN DER AUSGEHÖHLTEN FRUCHT, OPTISCH WIE GESCHMACKLICH EIN ERLEBNIS.

In Thailand heißt es nicht »Kommt zum Essen«, sondern – übersetzt – »Kommt zum Reis«. Reis ist immer Hauptbestandteil einer Mahlzeit, hinzu treten würzige, pikante und zum Abschluß auch süße Begleiter. Meist sind es frische Früchte, die in Thailand aufgrund des günstigen Klimas optimal gedeihen. Auf den Märkten findet sich denn auch eine ganz erstaunliche Palette der unterschiedlichsten, bei uns als »exotisch« bezeichneten Arten: Mangos, Guaven, Litschis, Granatäpfel, Papayas, junge Kokosnüsse, verschiedene Bananensorten und natürlich Ananasfrüchte, die dort die Chance haben, an der Staude auszureifen und so ein unvergleichliches Aroma erreichen. In dem hier vorgestellten Rezept kommt der Ananasgeschmack, in Kombination mit cremigem Milchreis, besonders gut zur Geltung.

Ein prachtvoller Anblick: Die gefüllte Ananas mit ihrer köstlichen Füllung aus cremigem Reis und Ananasfruchtfleisch, bestreut mit gehacktem, kandiertem Ingwer und Cashewkernen.

Das Thai-Mädchen versteht sich schon in jungen Jahren auf die Zubereitung von Milchreis auf offenem Feuer.

1 Ananas (von etwa 1,3 kg)
50 g Zucker
1 Prise Salz
100 g Milchreis
Schale und Saft von 1 unbehandelten Zitrone
2 TL kandierter Ingwer, gehackt
Außerdem:
20 g Cashewnüsse, gehackt und geröstet

1. Die Ananasfrucht mit einem Sägemesser der Länge nach halbieren, dabei so verfahren, daß die grüne Blattkrone an der einen Hälfte verbleibt. Von der anderen Hälfte die Schale knapp, aber nicht zu dünn abschneiden. Die »Augen« entfernen. Das geht am besten, indem man mit einem spitzen Obstmesser die harten Stellen rund aus-

THAILAND

schneidet. Das Fruchtfleisch in 1 cm große Würfel schneiden und beiseite stellen.

2. Die Ananashälfte mit dem Grün mit einem kleinen Messer und einem Löffel vorsichtig aushöhlen. Das Fruchtfleisch im Mixer mit dem Zucker und dem Salz pürieren. Das Ananaspüree durch ein feines Sieb in einen Meßbecher streichen. Mit Wasser bis auf 400 ml auffüllen.

3. Den Milchreis waschen und abtropfen lassen. Das mit Wasser vermischte Ananasmark in einen Topf aufkochen. Den Reis unter ständigem Rühren einrieseln lassen. Die Zitronenschale, den Zitronensaft sowie 1 TL des gehackten Ingwers untermischen und aufkochen lassen. Die Hitze reduzieren und den Reis unter gelegentlichem Rühren ausquellen lassen, bis er eine cremige Konsistenz annimmt, das dauert etwa 20 Minuten.

4. Die Ananaswürfel unter den Milchreis mischen und in die ausgehöhlte Ananashälfte füllen. Auf eine Platte oder einen großen Teller legen, mit dem restlichen Ingwer sowie mit den gehackten Cashewnüssen bestreuen und servieren.

Klebreis mit Mango

PERFEKT ERGÄNZT DURCH DAS AROMA FRISCHER KOKOSMILCH.

Fruchtfleisch und Wasser der Kokosnuß gehören in Thailand zum Küchenalltag, was keineswegs verwundert, denn die klimatischen Bedingungen des Landes sind für Kokospalmen ideal – die Ernten fallen üppig aus. Kokosmilch kann man übrigens aus dem weißen Fruchtfleisch der Kokosnuß selbst herstellen. Wie das funktioniert, ist in der Bildfolge unten beschrieben. Für 1/2 l Kokosmilch mittlerer Konsistenz benötigt man das Fruchtfleisch und das Kokoswasser einer Frucht sowie zusätzlich 1/2 l Milch oder Wasser. Je dickflüssiger und geschmacksintensiver die Kokosmilch werden soll, desto weniger Flüssigkeit darf man zusetzen. In unseren Breitengraden gibt es Kokosmilch auch in Spezialgeschäften zu kaufen.

Für den Klebreis:
250 g Klebreis
1/8 l Kokosmilch
60 g Zucker, 1/4 TL Salz

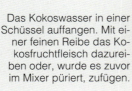

Das Kokoswasser in einer Schüssel auffangen. Mit einer feinen Reibe das Kokosfruchtfleisch dazureiben oder, wurde es zuvor im Mixer püriert, zufügen.

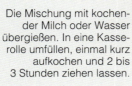

Die Mischung mit kochender Milch oder Wasser übergießen. In eine Kasserolle umfüllen, einmal kurz aufkochen und 2 bis 3 Stunden ziehen lassen.

Eine Schüssel mit einem Passiertuch auslegen und die Kokosmischung einfüllen. Das Tuch nach oben zusammennehmen. Mit der einen Hand den gefüllten Beutel halten, mit der anderen fest zudrehen, bis die Flüssigkeit möglichst restlos herausgedrückt ist.

THAILAND

Für die Kokossauce:
1/8 l Kokosmilch, 60 g Zucker
Außerdem:
2 Mangos, je etwa 300 g
30 g frisch geriebene Kokosraspel

Den Klebreis in kaltem Wasser 2 Stunden einweichen. Abtropfen lassen. Wasser in einem Wok zum Kochen bringen. Den Klebreis auf einem Dämpfeinsatz verteilen, über das kochende Wasser stellen und 15 Minuten dämpfen. Den Reis in eine Schüssel geben. Die Kokosmilch mit Zucker und Salz verrühren und sofort mit dem heißen Reis vermischen. Um das Fruchtfleisch der Mangos auszulösen, jede Frucht der Länge nach in 3 Teile schneiden, in dem mittleren befindet sich der Stein. Vom mittleren Stück die Schale ablösen, den Stein mit einer Gabel auf die Arbeitsfläche drücken, mit einem Messer das Fruchtfleisch und den Saft abstreifen, dieses unter den Reis heben. Das Fruchtfleisch der anderen Mangoteile mit einem Löffel aus der Schale lösen und in etwa 1,5 cm große Stücke schneiden. Für die Sauce die Kokosmilch mit dem Zucker verrühren. Die Kokosraspel in einer beschichteten Pfanne rösten. Den Reis in Schalen verteilen. Die Mangostücke darauf anrichten, mit der Sauce beträufeln und mit den gerösteten Kokosraspeln bestreuen.

Klebreis ist sehr stärkehaltiger Reis, der vor allem in Asien geschätzt wird. Aufgrund seiner mehligen Struktur quellen die Körner leichter auf und »kleben« dann aneinander.

THAILAND

Gefüllte Papaya mit Baiserhaube

VERSTECKT UNTER DER SÜSSEN HAUBE: EINE FÜLLUNG AUS MILCHREIS UND EXOTISCHEN FRÜCHTEN.

Ein Dessert, das überall zu Hause sein könnte – zubereitet mit tropischen Früchten nach den Regeln europäischer Dessertkochkunst. Von den unglaublich vielen verschiedenen Papayasorten, die weltweit kultiviert werden, sollte man für dieses Dessert eine kleinere wählen.

2 Papayas (je 300 bis 400 g)
Für die Milchreisfüllung:
450 ml Milch, 1 Prise Salz, 50 g Zucker
100 g Rundkornreis
Für die Fruchtsauce:
6 Purpurgranadillas (etwa 120 g Fruchtfleisch)
180 g Zucker
Saft von 2 Limetten

Zum Füllen eignen sich am besten kleinere Papayas. Etwa die Sorten »Solo« oder »Hawaii«, deren Früchte so um die 400 g auf die Waage bringen. Halbiert haben diese dann genau das richtige Portionsgewicht.

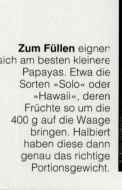

Dicht an dicht hängen die Papayas – die besonders wegen ihres angenehmen Geschmacks geschätzt werden – in den Baumkronen und werden darum auch Baummelonen genannt.

Für die Baiserhaube:
4 Eiweiße, 160 g Zucker
Außerdem:
Kakaopulver zum Besieben

1. Die Milch mit dem Salz und dem Zucker zum Kochen bringen. Den Reis unter Rühren einrieseln lassen und bei sehr geringer Hitze 30 bis 35 Minuten ausquellen lassen. Vom Herd nehmen und abkühlen lassen.

2. Für die Fruchtsauce die Purpurgranadillas halbieren und das Fruchtfleisch mit einem Löffel auslösen. Das ausgelöste Fruchtfleisch in einem Topf zusammen mit dem Zucker und dem Limettensaft kochen, bis eine sirupähnliche Konsistenz erreicht ist, dabei immer wieder umrühren.

THAILAND

3. Die Papayas längs halbieren. Mit einem Löffel die Kerne entfernen und das Fruchtfleisch aushöhlen, dabei einen etwa 1/2 cm breiten Rand stehen lassen. Das ausgelöste Fruchtfleisch in kleine Würfel schneiden.

4. Die Hälfte des Passionsfruchtsirups bis zur weiteren Verwendung beiseite stellen. Die Papayawürfel in dem restlichen Sirup 1 bis 2 Minuten dünsten. Vom Herd nehmen und den gekochten Reis untermischen.

5. Für das Baiser die Eiweiße zu Schnee schlagen, dabei den Zucker langsam einrieseln lassen. Gegebenenfalls etwas Eischnee unter die Reisfüllung geben, sollte diese zu fest geworden sein – sie muß nämlich leicht und locker sein. Die Mischung in die ausgehöhlten Papayas füllen. Den restlichen Eischnee in einen Spritzbeutel mit Lochtülle Nr. 11 füllen und in Form von Tropfen schuppenartig auf die gefüllten Papayas spritzen.

6. Die Papayahälften bei starker Oberhitze oder unter dem Grill im vorgeheizten Ofen backen, bis der Eischnee leicht zu bräunen beginnt. Aus dem Ofen nehmen und mit etwas Kakaopulver besieben. Je eine Papayahälfte auf einem Teller anrichten. Den restlichen Granadillasirup kurz erwärmen und als Sauce dazu reichen.

MALAYSIA

Kokosröllchen mit Ananasfüllung

HAUCHDÜNNER, KNUSPRIG AUSGEBACKENER TEIG UMHÜLLT EINE EXOTISCHE FRUCHTFÜLLUNG.

In Malaysia, dem Schmelztiegel Südostasiens, treffen viele Kulturen und Völker aufeinander: Malaiien, Inder, Chinesen und noch viele mehr. Das schlägt sich auch in der Küche des Landes nieder. Deutlich sind bei diesem Dessert die vielfältigen Einflüsse spürbar: Der Frühlingsrollenteig aus China wird kombiniert mit dem Aroma der in Malaysia sehr beliebten Kokosnuß.

Für die Maracujasauce:
4 Maracujas (etwa 80 g Fruchtfleisch), 60 g Zucker
100 ml Orangensaft, 20 ml Limettensaft, 2 cl Rum
Für die Kokosröllchen:
20 ml Limettensaft, 1/8 l Wasser, 100 g Palmzucker
250 g Ananasfruchtfleisch, 50 g Marzipanrohmasse
140 g frisch geraspelte Kokosnuß
20 Teigblätter für Frühlingsrollen (125 x 125 mm)
Außerdem:
1 Eiweiß, leicht verschlagen
Pflanzenöl zum Ausbacken
30 g frisch geraspelte Kokosnuß zum Bestreuen

Für die Sauce die Maracujas halbieren, das Fruchtfleisch mit einem Löffel auslösen. Das Fruchtfleisch mit Zucker, Orangen- und Limettensaft aufkochen und 5 Minuten köcheln lassen. Vom Herd nehmen und den Rum unterrühren. Die Sauce durch ein Sieb passieren und erkalten lassen. Für die Füllung den Limettensaft mit dem

Die Frühlingsrollenteigblätter auf einer Arbeitsfläche ausbreiten und die Ränder mit Eiweiß bestreichen.

Mit einem Löffel einen Streifen der Ananas-Kokos-Füllung diagonal auf jedem Teigblatt verteilen.

Die kurzen Ecken über die Füllung klappen und die Oberfläche mit Eiweiß bestreichen.

Eine freie Ecke über die Füllung schlagen, etwas andrücken und den Teig aufrollen.

Die bunte Üppigkeit exotischer Früchte verlockt an diesem malaiischen Marktstand. Auch vollausgereifte und aromatische Ananasfrüchte – hierzulande nur erschwert zu bekommen – gibt es dort in Hülle und Fülle.

Wasser sowie dem zerkleinerten Palmzucker aufkochen und 5 Minuten köcheln lassen. Das Ananasfruchtfleisch zufügen und 5 Minuten darin köcheln. Das Marzipan einrühren, bis es sich ganz aufgelöst hat. Die Kokosraspel untermischen. Unter ständigem Rühren köcheln, bis die Flüssigkeit fast aufgesogen ist. Die Teigblätter füllen, wie oben gezeigt. Die Teigröllchen portionsweise in dem auf 180 °C erhitzten Öl in 2 bis 3 Minuten goldgelb fritieren. Mit dem Schaumlöffel herausheben und auf Küchenpapier abtropfen lassen. Die Kokosraspel in einer beschichteten Pfanne rösten. Die Röllchen mit den Kokosraspeln bestreuen, die Maracujasauce separat dazu reichen.

Black rice pudding

SCHWARZER REIS ZUM DESSERT – FÜR DEN EUROPÄER EHER UNGEWÖHNLICH, IN INDONESIEN ABER GANZ SELBSTVERSTÄNDLICH.

Reis gehört in Indonesien zu jeder Mahlzeit. Süß und kombiniert mit Früchten, an denen im tropischen Klima der indonesischen Inselwelt kein Mangel herrscht, ist Reis – zu Pudding gekocht – auch ein hervorragendes Dessert. Gewürzt wird der Reis hier mit Palmzucker sowie den süßlich-aromatisch schmeckenden schwertförmigen Pandanblättern, die in Malaysia und Indonesien gerade für Süßspeisen so beliebt sind wie hierzulande die Vanille. Eine intensive Kokossauce und exotische Früchte machen diesen Dessertgenuß komplett.

Für den Reispudding:
75 g schwarzer Klebreis
60 g weißer Klebreis
2 Pandanblätter
1 Prise Salz
50 g Palmzuckersirup
Für die Kokossauce:
200 ml Kokosmilch, 80 g Zucker

Die Götter günstig stimmen: Mit Opfergaben – dargebracht auf einem Altar direkt neben den Reisfeldern – bitten die Einwohner Indonesiens um eine gute Ernte.

INDONESIEN

Außerdem:
50 ml Läuterzucker
250 g Fruchtfleischwürfel von exotischen Früchten
4 Maraschinokirschen

1. Den schwarzen und weißen Reis 2 Stunden in viel Wasser einweichen, abbrausen und gut abtropfen lassen. In einem Topf 400 ml Wasser mit den beiden Reissorten, den Pandanblättern und dem Salz aufkochen. Die Hitze reduzieren und 25 Minuten köcheln lassen, dabei ab und zu umrühren, damit der Reis nicht anhängt.

2. Die Pandanblätter herausnehmen. Palmzuckersirup zugießen und den Reis unter ständigem Rühren weitere 10 Minuten köcheln lassen. Den Topf vom Herd nehmen, abkühlen lassen.

3. Für die Sauce die Kokosmilch in einem kleinen Topf zusammen mit dem Zucker zum Kochen bringen. So lange köcheln lassen, bis die Flüssigkeit auf die Hälfte reduziert ist. Abkühlen lassen.

4. Den Läuterzucker erhitzen und das gewürfelte Fruchtfleisch (zum Beispiel von Ananas, Mango oder Banane) 5 Minuten darin schwenken.

5. Den Reispudding auf Teller verteilen, jeweils mit ein paar Fruchtwürfeln und 1 Maraschinokirsche garnieren und mit Kokossauce übergießen.

PHILIPPINEN

Jackfruit-Kompott

DIE RIESENFRUCHT AUS SÜDOSTASIEN – KOMBINIERT MIT EINEM SÄUERLICHEN LIMETTENSORBET.

Die Jackfrucht, auch Nangka oder »pain des singes« (Affenbrot) genannt, ist neben dem Kürbis die größte Frucht der Welt. Sie kann Ausmaße von bis zu 90 cm Länge und 50 cm Breite erreichen. Nicht selten wiegen die Kolosse 40 Kilo oder mehr. Eßbar sind aber nur die sechseckigen, sackähnlichen Gebilde, die in einer geleeartigen Haut eingebettet sind. Diese kleinen »Einzelfrüchte« machen etwa ein Drittel des Gesamtgewichts aus. Jackfrüchte sind in den Küchen Südostasiens sehr beliebt, noch grün als Gemüse, ebenso gern werden sie aber auch ausgereift zum Dessert gegessen. Geschmacklich ist die Jackfruit mit keiner unserer heimischen Fruchtarten zu vergleichen. Ihr Aroma erinnert allenfalls entfernt an das der stacheligen Durians, die ebenfalls aus Südostasien stammen.

Jackfrüchte wie sie an einem philippinischen Marktstand angeboten werden: aufgehängt an einer Schnur. Wo immer die Riesenfrüchte auftauchen, imponieren sie durch ihre gewaltige Größe.

Für das Kompott:
1,5 kg Jackfrucht, 150 g brauner Zucker
120 ml Limettensaft, 4 Purpurgranadillas
Für das Limettensorbet:
200 ml Orangensaft, 60 ml Limettensaft
120 g Zucker, 300 ml Weißwein, 2 Eiweiße

Ein fruchtig-mildes Kompott, aromatisiert mit Purpurgranadillas. Das säuerlich-frische Sorbet ist dazu die ideale Ergänzung. Abgerundet und optisch perfekt wird dieses Dessert durch einen Löffel Schokoladensauce.

Für die Schokoladensauce:
150 g Halbbitter-Kuvertüre
80 ml Milch
100 ml Sahne
30 g Honig
Außerdem:
Ananassalbei zum Garnieren

1. Für das Kompott die kleinen, sechseckigen und sackartigen Gebilde im Inneren der Jackfruit – sozusagen die Früchte in der Frucht – aus der sie umhüllenden, gelatineartigen Haut herauslösen. Die braunen Kerne entfernen. Es sollten etwa 400 g Fruchtfleisch übrigbleiben.

2. In einer Kasserolle Zucker und Limettensaft unter Rühren 2 bis 3 Minuten kochen lassen. Die

PHILIPPINEN

Purpurgranadillas quer halbieren, das Fruchtfleisch mit einem Löffel auslösen und zu der Zucker-Limetten-Mischung geben. Das Fruchtfleisch der Jackfruit einlegen und 4 Minuten darin köcheln. Abkühlen lassen.

3. Für das Sorbet den Orangen- und Limettensaft durch ein Sieb seihen und mit dem Zucker in einem Topf aufkochen. Vom Herd nehmen und erkalten lassen. Den Weißwein einrühren. Die Eiweiße zu halbsteifem Schnee schlagen, mit dem Schneebesen unter die Orangen-Wein-Mischung rühren. Die Masse in die Eismaschine füllen und cremig frieren.

4. Für die Schokoladensauce die Kuvertüre in grobe Stücke hacken und in einer Schüssel auf einem Wasserbad schmelzen. Milch mit Sahne und Honig aufkochen und unter die Kuvertüre rühren. Mit dem Mixstab homogenisieren, dabei darauf achten, daß man mit dem Stab immer unter der Oberfläche bleibt, da sich sonst Blasen bilden. Die Schokoladensauce abkühlen lassen.

5. Das Sorbet in einen Spritzbeutel mit Sterntülle Nr. 12 füllen. Auf vorgekühlte Teller jeweils eine Rosette spritzen. Das Kompott ringsum verteilen. Etwas Schokoladensauce auf die Rosette gießen und, mit Ananassalbei garniert, servieren.

KANADA

Pancakes
KLEINE PFANNKUCHEN MIT CRANBERRIES, NUSSEIS UND DEM TYPISCH KANADISCHEN AHORNSIRUP.

Kanadas Ahornsirup ist einzigartig auf der Welt. Die Indianer aus dem Algonquin-Gebiet im Bundesstaat Ontario nannten ihn »sinzibuckwud« – »geschöpft aus Bäumen«. Die Bäume bilden im Herbst eine bestimmte Pflanzenstärke, die ihnen im Winter als eine Art Frostschutzmittel dient. Dieses verflüssigt sich im Frühjahr und unterstützt das Wachstum der neuen Triebe. Während dieser Zeit wird der Saft gesammelt.

Für das Haselnußeis:
120 g gehackte Haselnüsse, 30 g Puderzucker
1/4 l Milch, 1/4 l Sahne, 60 g Zucker, 4 Eigelbe
Für das Cranberry-Kompott:
200 g Cranberries, 80 g brauner Zucker
20 ml Zitronensaft, 200 ml Rotwein
1 Stück Zimtstange, 2 Nelken
Für den Pancake-Teig:
150 g Mehl, 1/8 l Milch, 25 g Zucker
1 Ei, 1 Eigelb, 50 g flüssige Butter
Mark von 1/2 Vanilleschote
1 Eiweiß, 1 Prise Salz, 25 g Zucker
Außerdem:
Butter zum Ausbacken der Pancakes
8 EL Ahornsirup zum Beträufeln

Unverwechselbar im Aroma ist der Ahornsirup, der traditionell zu Pancakes gereicht wird. Zu den warmen Pfannkuchen paßt gut ein zartschmelzendes, kühles Eis und die säuerlichen Cranberries wirken dem zuckersüßen Sirup angenehm entgegen.

Zum Sammeln der Baumflüssigkeit werden Zapfhähne aus Metall in vorher gebohrte Löcher der über 40 Jahren alten Bäume gehängt. Arbeiter sammeln regelmäßig den aufgefangenen Saft ein und bringen ihn zu den Zuckerhütten, wo er zu goldgelbem Sirup eingekocht wird. Und zur Stärkung gibt es dann den begehrten Sirup mit ein paar Brocken Brot.

KANADA

1. Für das Eis die Haselnüsse und den Puderzucker in einer beschichteten Pfanne karamelisieren. 20 g der karamelisierten Haselnüsse beiseite stellen. Die restlichen Nüsse mit der Milch und der Sahne aufkochen und 10 Minuten leicht köcheln lassen. Im Mixer kurz durchmixen, durch ein feines Sieb gießen und beiseite stellen. Zucker und Eigelbe cremig rühren. Die Haselnußmilch unter die Eigelbmasse rühren, unter ständigem Rühren erhitzen, bis die Creme anfängt, dickflüssig zu werden, sie darf aber nicht kochen. Auf Eiswasser abkühlen, gelegentlich umrühren. In der Eismaschine frieren.

2. Die Cranberries verlesen, waschen und abtropfen lassen. Zucker, Zitronensaft, Rotwein und Gewürze in einem Topf 2 bis 3 Minuten sprudelnd kochen. Die Beeren 5 Minuten mitköcheln. Zimtstange und Nelken entfernen, die Cranberries abkühlen lassen.

3. Für den Teig das Mehl in eine Schüssel sieben, Milch und Zucker nach und nach untermischen, bis ein glatter Teig entstanden ist. Ei und Eigelb unterrühren. Butter und Vanillemark untermengen. Das Eiweiß mit dem Salz steif schlagen, dabei den Zucker langsam einrieseln lassen. Den Eischnee unter den Teig heben. Butter in einer Pfanne erhitzen und den Teig portionsweise zu kleinen Pfannkuchen ausbacken.

4. Die Pancakes mit Ahornsirup, 1 Kugel Eis und Cranberries anrichten. Das Eis mit den beiseite gestellten karamelisierten Haselnüssen bestreuen.

USA

Passionsblumengewächse *(Passifloraceae)* sind Kletterpflanzen. Die Ernte der Purpurgranadillas, die mit ihrem intensiven, süßsäuerlichen Aroma hierzulande die am weitesten verbreitete Art von Passionsfrucht sind, ist daher entsprechend beschwerlich.

Mango-Käse-Torte

CHEESE CAKE LIEBEN DIE AMERIKANER IN JEDER VARIATION – HIER EINE KOMBINATION MIT MANGOWÜRFELN IN FRUCHTIGEM GELEE.

Zwar macht diese Käsetorte ein bißchen Mühe, doch lohnt der Aufwand. Deshalb sollte man aber auch nur wirklich reife, fruchtig-süße Mangos mit viel Geschmack verwenden. Die schöne Optik entsteht durch leicht gebogene Hippenstücke.

Für 8 Portionen
Für die Hippenmasse:
90 g Zucker, 25 g Marzipanrohmasse, 1 Prise Zimt
1 Prise Salz, 1 Ei, 1 Eigelb
75 g Mehl, 3 EL Sahne, 1/2 TL Kakao
Für die Käseschicht:
2 Eigelbe, 60 g Zucker, Mark von 1/2 Vanilleschote
abgeriebene Schale von 1/2 unbehandelten Limette
3 Blatt Gelatine, 150 g Frischkäse
80 g saure Sahne, 100 ml Sahne
Für das Fruchtgelee:
1/4 l Orangensaft, 1 Purpurgranadilla
Saft von 1 Limette, 100 g Zucker, 5 Blatt Gelatine
2 Mangos (je etwa 300 g)
Außerdem:
1/8 l Sahne, 20 g Zucker
1 Springform von 18 cm Durchmesser
Pergamentpapier, Backpapier

1. Für die Hippenmasse Zucker, Marzipan, Zimt, Salz und Ei mit einem Holzspatel verarbeiten, bis die Masse keine Klümpchen mehr hat. Das Eigelb unterrühren, das gesiebte Mehl untermischen und durch ein feines Sieb streichen. Zugedeckt mindestens 1 Stunde im Kühlschrank ruhen lassen.

2. Für die Käseschicht Eigelbe, Zucker, Vanillemark und Limettenschale schaumig rühren. Die eingeweichte, gut ausgedrückte und aufgelöste Gelatine untermischen. Den Frischkäse und die saure Sahne einrühren. Die Masse leicht andicken lassen, dann die steifgeschlagene Sahne unterheben. Den Boden der Springform mit Pergamentpapier auslegen, die Käsemasse einfüllen und im Kühlschrank fest werden lassen.

3. Für das Fruchtgelee den gesiebten Orangensaft mit dem durchpassierten Fruchtfleisch der Purpurgranadilla, dem Limettensaft und dem Zucker erhitzen, bis letzterer sich gelöst hat. Die eingeweichte und gut ausgedrückte Gelatine darin auflösen und bis kurz vor dem Festwerden abkühlen lassen. Die Mangos schälen, das Fruchtfleisch in 1,5 cm große Würfel schneiden und unter das Gelee mischen. Dieses auf die Käseschicht in die Form füllen, im Kühlschrank fest werden lassen.

4. Die Hippenmasse aus dem Kühlschrank nehmen und 2 EL Sahne unterrühren. 1 EL von der Masse abnehmen, mit dem Kakao und der restlichen Sahne verrühren und in eine Pergamentspritztüte füllen. Ein Blech mit Backpapier auslegen, darauf 2 Kreise von 18 cm Durchmesser zeichnen. Die Masse dünn darauf verstreichen. Auf einen der beiden Böden spiralförmig den mit Kakao gefärbten Teig spritzen und beide Böden bei 200 °C im vorgeheizten Ofen goldbraun backen. Herausnehmen, sofort mit einer Palette ablösen, den verzierten Boden in 8 Stücke teilen und diese leicht über ein Rollholz biegen. Den anderen etwas abkühlen lassen und auf das Gelee legen. Den Rand der Form mit einem spitzen Messer lösen, entfernen und die Torte auf eine Platte stürzen. Den Boden samt Papier entfernen. Sahne und Zucker steif schlagen, in einen Spritzbeutel mit Sterntülle Nr. 8 füllen. 8 Rosetten auf die Torte spritzen und die Hippenstücke schräg daraufsetzen.

USA

Schokoladenparfait mit Zimtsauce

EINE INTERESSANTE ZUSAMMENSTELLUNG, ZUMAL DAS PARFAIT MIT DÖRRPFLAUMEN ZUBEREITET WIRD.

Die Dessertküche der Nordamerikaner ist sehr abwechslungsreich. Dieses Gericht wird gern zu besonderen Anlässen gereicht.

Für 8 Portionen
Für das Schokoladenparfait:
250 g Trockenpflaumen, 200 ml Wasser
2 Beutel Ceylon-Tee, 4 cl Brandy
4 Eigelbe, 150 g brauner Zucker
150 ml Milch
200 g Kuvertüre, 350 ml Sahne
Für die Cranberries:
200 g Cranberries, 1 EL Kleehonig
60 g brauner Zucker, Saft von 1 Orange
100 ml Rotwein
Für die Zimtsauce:
3 Eigelbe, 50 g Zucker
1 Stück Zimtrinde (etwa 4 cm)
1/4 l Milch, 1/4 TL gemahlener Zimt, 120 ml Sahne
Außerdem:
1 Rehrückenform von 35 cm Länge und 1,2 l Inhalt
Zitronenmelisseblättchen zum Garnieren

Zimt ist eines der ältesten Gewürze der Welt. Der Ceylon-Zimt (Kaneel) unterscheidet sich von dem schärferen Kassia-Zimt durch seine süßliche Milde, die in Kombination mit Zucker gut zur Geltung kommt.

1. Für das Schokoladenparfait die Trockenpflaumen vierteln. Das Wasser aufkochen, die Teebeutel einlegen und den Tee 5 Minuten ziehen lassen. Die Beutel entfernen.

Dörrpflaumen (Trockenpflaumen) eignen sich gut zum Backen und für Desserts. Sie müssen vor der Zubereitung eingeweicht werden, und dabei kann man ihnen bestimmte Geschmacksrichtungen verleihen.

Die Pflaumen in dem Tee aufkochen, den Brandy zugießen, vom Herd nehmen und 30 Minuten ziehen lassen. Abseihen, dabei den Sud auffangen.

2. Die Eigelbe mit dem Zucker cremig rühren. Die Milch mit dem aufgefangenen Pflaumensud aufkochen. Mit einer Schöpfkelle die noch heiße Milch portionsweise zu der Eigelbmasse geben, dabei ständig umrühren. Die Creme in einem Topf umfüllen und unter ständigem Rühren erhitzen, bis sie angedickt auf einem Kochlöffel liegen bleibt, doch Vorsicht, sie darf keinesfalls kochen. Die Creme noch heiß durch ein feines Sieb passieren und im Mixer etwa 15 Minuten bei mittlerer Drehzahl kaltrühren.

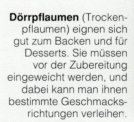

3. Die Kuvertüre in einer Schüssel auf dem Wasserbad schmelzen, unter die Creme rühren und erkalten lassen. Die Sahne steif schlagen und mit den Pflaumen unter die Creme heben. In die Rehrückenform füllen und 6 bis 8 Stunden frieren.

4. Die Cranberries verlesen, waschen und abtropfen lassen. Den Honig, den Zucker, den Orangensaft und den Rotwein zusammen aufkochen und 5 Minuten einkochen lassen. Die Früchte zugeben und 8 Minuten köcheln. Auskühlen lassen.

5. Für die Zimtsauce die Eigelbe und den Zucker in einer Schüssel mit dem Schneebesen cremig rühren, bis sich der Zucker aufgelöst hat. Die Milch mit der Zimtrinde aufkochen. Die Zimtrinde entfernen und die heiße Milch langsam unter die Eigelbmasse rühren. Das Zimtpulver einstreuen. Die Sauce in einer Kasserolle unter ständigem Rühren erhitzen, bis sie angedickt auf dem Kochlöffel liegen bleibt, sie darf aber nicht kochen. Durch ein feines Sieb passieren. Die Schüssel in Eiswasser stellen und die Sauce kaltrühren. Die Sahne steif schlagen und unterheben.

6. Die Rehrückenform kurz in heißes Wasser tauchen, das Parfait auf eine vorgekühlte Platte stürzen und in Scheiben schneiden. Auf Teller legen, mit der Zimtsauce und den Cranberries anrichten und mit Zitronenmelisse garnieren.

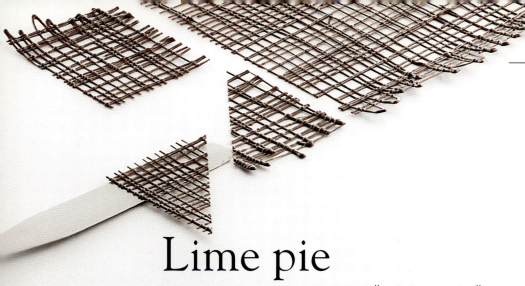

Lime pie

CREMIG UND MIT FEINER SÄURE – EIN KÖSTLICHES DESSERT AUS DER NEUEN WELT.

Dieses in der Zubereitung etwas aufwendige Dessert braucht Zeit zum Durchziehen, man bereitet es deshalb am besten am Vortag zu.

Für den Mürbteig:
100 g Mehl, 50 g Butter, 25 g Puderzucker
1 Eigelb, 1 Prise Salz
Für die Creme:
abgeriebene Schale von 4 unbehandelten Limetten
150 ml Limettensaft, 200 g Zucker, 1 Prise Salz
5 Eier, 150 ml Sahne
Für die Himbeersauce:
200 g Himbeeren, 80 g Zucker, 8 cl Rotwein
1 kleineres Stück unbehandelte Zitronenschale
Für das Schokoladengitter:
100 g Zartbitter-Kuvertüre, Pergamentspritztüte
Außerdem:
1 rundes Backblech (18 cm Durchmesser, 4 cm hoch)
Pergamentpapier und Hülsenfrüchte zum Blindbacken
1/8 l Sahne, 20 g Puderzucker
Himbeeren zum Garnieren

Aus den angegebenen Zutaten einen Mürbteig herstellen. Er sollte nicht zu warm werden, weil

Ein dekoratives Schokoladengitter ist ganz einfach herzustellen. Dafür wird die temperierte Kuvertüre in eine Spritztüte aus Pergamentpapier gefüllt und gitterförmig auf Pergament gespritzt. Einmal festgeworden, läßt sich das Gitter mit einem erwärmten Messer leicht ablösen.

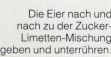

Die Eier nach und nach zu der Zucker-Limetten-Mischung geben und unterrühren.

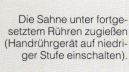

Die Sahne unter fortgesetztem Rühren zugießen (Handrührgerät auf niedriger Stufe einschalten).

Die Masse bei schwacher Hitze unter ständigem Rühren auf etwa 70 °C erhitzen, sie darf aber nicht kochen.

Die Sahne-Limetten-Masse durch ein Sieb passieren und in den vorgebackenen Teigboden füllen.

USA

Mürbteig sonst brüchig wird. Die Zutaten mit einem Messer zu Krümeln vorbereiten und rasch zu einem glatten Teig kneten. Zu einer Kugel formen und, in Folie gewickelt, 1 Stunde kühl ruhen lassen. Den Teig auf einer bemehlten Arbeitsfläche 3 mm stark ausrollen, in das Backblech legen, den Rand andrücken und überstehenden Teig abschneiden. Mehrmals mit einer Gabel einstechen. Zurechtgeschnittenes Pergamentpapier einlegen, Hülsenfrüchte einfüllen und bei 200 °C im vorgeheizten Ofen 15 Minuten »blindbacken«. Die Creme für den Belag herstellen, dafür Limettenschale und -saft mit dem Zucker und Salz mit dem Handrührgerät auf niedriger Stufe so lange rühren, bis sich der Zucker vollständig aufgelöst hat. Weiterverfahren, wie links gezeigt. Den Pie bei 110 °C im vorgeheizten Ofen in 45 Minuten fertigbacken. Ausschalten und bei offener Tür auf Raumtemperatur langsam abkühlen lassen. Den Pie über Nacht durchziehen lassen. Für die Sauce die Himbeeren verlesen, pürieren und durch ein feines Sieb passieren. Zucker, Wein und Zitronenschale aufkochen, Himbeerpüree zufügen und 3 bis 4 Minuten einkochen. Sahne und Puderzucker steif schlagen. Den Pie in 4 Stücke teilen, mit einer Sahnerosette, einem Stück Schokoladengitter, der Himbeersauce und Himbeeren garnieren und servieren.

Schokoladentortelett mit Zitrusfrüchtesalat

DIE SÄURE DER FRÜCHTE BILDET EINEN INTERESSANTEN GESCHMACKLICHEN KONTRAST ZUR SÜSSE DER SCHOKOLADE.

Amerikaner haben ein Faible für Schokolade und lieben üppige Desserts – ihre Devise: Je »schokoladiger«, desto besser. Doch keine Angst vor zuviel Süße. In Begleitung eines erfrischenden Fruchtsalates wird sie etwas abgemildert. Und klein portioniert, sind die Schokoladentörtchen, die mit ihrem flüssigen Innenleben überraschen, ein Gedicht.

Für die Torteletts:
100 g Kuvertüre, 100 g Butter
1 EL Honig, 2 Eier, 2 Eigelbe
125 g brauner Zucker, 1 Prise Salz
Mark von 1/2 Vanilleschote
30 g Mehl
30 g gemahlene Mandeln
Für den Zitrusfrüchtesalat:
2 Orangen, 1 weiße Grapefruit
2 Clementinen
Saft und Abgeriebenes von 1 unbehandelten Limette
Mark von 1/2 Vanilleschote
30 g Zucker
1/2 TL Speisestärke
Außerdem:
6 Brioche-Förmchen mit 9 cm Durchmesser
Butter und Mehl für die Förmchen
Puderzucker zum Besieben

1. Die Kuvertüre kleinschneiden, mit der Butter und dem Honig in eine Schüssel geben. Diese auf ein Wasserbad setzen, bis Kuvertüre und Butter geschmolzen sind.

2. Die Eier, Eigelbe, den Zucker, das Salz und Vanillemark in eine Schüssel geben und mit einem Schneebesen cremig rühren. Die geschmolzene Butter-Kuvertüre-Masse zugießen und alles gut miteinander verrühren. Das Mehl in eine Schüssel sieben, mit den Mandeln vermischen und unter die Masse rühren.

3. Die Förmchen mit Butter ausstreichen und leicht mit Mehl bestauben. Den Schokoladenteig einfüllen. Bei 200 °C im vorgeheizten Ofen 10 bis 12 Minuten backen.

4. Für den Fruchtsalat die Orangen und die Grapefruit filetieren. Dafür von den Früchten oben und unten eine Kappe abschneiden, die Orangen senkrecht auf der Arbeitsfläche festhalten und mit einem kleinen, scharfen Messer die Schale von oben nach unten in Segmenten abschneiden. Zwischen den Trennwänden einschneiden und die Filets herauslösen.

5. Den Saft aus dem an den Häuten verbliebenen Fruchtfleisch ausdrücken und auffangen. Mit dem Limettensaft, der Limettenschale, dem Vanillemark und dem Zucker in einem Topf aufkochen und mit der angerührten Speisestärke binden. Die Orangen- und Grapefruitfilets einlegen. Die Clementinen schälen, die weißen Häutchen entfernen und in Segmente teilen. Zu den Orangen- und Grapefruitfilets in den Topf geben und alles miteinander vermischen.

6. Die Torteletts aus dem Ofen nehmen, auf Teller stürzen und mit Puderzucker besieben. Mit dem Zitrusfrüchtesalat anrichten und servieren.

Schokoladentorteletts werden nur kurz gebacken, so daß sie im Kern noch flüssig sind. Die beim Öffnen austretende Schokolade macht eine zusätzliche Sauce überflüssig.

USA

Mostäpfel aus dem streng abgegrenzten Calvadosgebiet der französischen Normandie sind die Grundlage für den »Cognac aus Äpfeln«, wie der beliebte Branntwein auch genannt wird. Die Maische der zu feinem Brei zermahlenen Äpfel wird in einer schnellen Gärung zu Apfelmost (Cidre) vergoren, welcher nach Lagerung und Destillation den hochbegehrten Calvados liefert.

Apfelsorbet

IN »BRANDY SNAPS«, FILIGRANEN, KNUSPRIGEN KÖRBCHEN, DIE IN AMERIKA ALS BEHÄLTNISSE FÜR VIELERLEI DESSERTS DIENEN.

Für ihren Teig wird in den USA traditionell Maissirup verwendet. Dieser »cornsirup« ist bei uns in Spezialgeschäften erhältlich, kann aber durch Honig ersetzt werden. Auch wenn der Name es vermuten läßt, enthält der Teig keinen Tropfen Alkohol. Wichtig für die Zubereitung der Körbchen ist die Verwendung von Dauerbackfolie, denn ihre Beschichtung ermöglicht das gleichmäßige Auslaufen des Teiges beim Backen. Die angegebenen Zutaten ergeben mehr Körbchen, als die vier hier benötigten, die restlichen lassen sich trocken einige Tage aufbewahren.

Für etwa 10 Brandy snaps:
30 g Butter
55 g Zucker
30 g Mehl
30 g Honig
1/2 TL Ingwerpulver
Für die Holundersauce:
150 g Holunderbeeren
80 ml Wasser
60 g Zucker
1 cl Zitronensaft

Für das Apfelsorbet:
150 g Äpfel
1/2 l Cidre
180 g Zucker
2 cl Calvados
Zum Verzieren:
kurz gedünstete Apfelspalten
Borretschblüten

Für die Teigkörbchen die Butter mit dem Zucker in einer Schüssel miteinander verrühren. Das Mehl dazusieben und mit dem Honig und dem Ingwerpulver gut verrühren. Ein Backblech mit Dauerbackfolie auslegen und den Teig darauf plazieren, wie gezeigt. Die Teigkugeln im vorgeheizten Ofen bei 220 °C etwa 5 Minuten backen. Aus dem Ofen nehmen, ganz leicht abkühlen lassen und formen, wie gezeigt – dafür benötigt man eine entsprechend große Anzahl von einfachen Gläsern. Für die Sauce die Holunderbeeren verlesen, waschen und gut abtropfen lassen. In einen Topf geben, das Wasser, den Zucker und den Zitronensaft zufügen und alles 5 Minuten bei geringer Hitze köcheln lassen. Das Mus im Mixer pürieren, durch ein feines Sieb streichen und erkalten lassen. Für das Sorbet die Äpfel schälen, vierteln, das Kerngehäuse entfernen und das Fruchtfleisch in Stücke schneiden. Den Cidre in einen Topf gießen, den Zucker zufügen und unter Rühren aufkochen, bis sich der Zucker aufgelöst hat. Die Apfelstücke hinzufügen und 5 Minuten mitkochen lassen. Die Mischung im Mixer pürieren und erkalten lassen. Den Calvados unterrühren. Die Masse in die Eismaschine füllen und cremig frieren. Das Sorbet in einen Spritzbeutel mit Sterntülle Nr. 17 füllen, rosettenförmig in 4 Brandy snaps spritzen und jeweils mit einer gedünsteten Apfelspalte garnieren. Auf Tellern mit Sauce anrichten. Einen besonderen Farbtupfer verleihen zusätzlich frische Borretschblüten.

Aus dem Teig kleine Kugeln von etwa 12 g formen und in großem Abstand auf das Backblech setzen, sie laufen beim Backen weit auseinander.

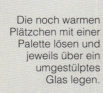

Die noch warmen Plätzchen mit einer Palette lösen und jeweils über ein umgestülptes Glas legen.

Feigen-Tart

LAUWARM SERVIERT UND ABGERUNDET MIT EINER CASSISSAUCE UND FEINEM PORTWEINEIS.

Ein von der Jahreszeit ganz unabhängiges Dessert, denn frische Feigen gibt's das ganze Jahr über. Vom Frühsommer bis Herbst kommen sie aus den klassischen mediterranen Anbaugebieten. Im Winter und Frühjahr ist Kalifornien ein wichtiger Exporteur der empfindlichen Früchte. Wem die Nachspeise mit dem Eis zu aufwendig wird, serviert die Tarts ganz einfach »oben ohne«.

Für das Portweineis:
300 ml roter Portwein (Ruby)
60 g Zucker, 2 Nelken, 1/4 Vanilleschote
3 Eigelbe, 1 Prise Salz, 125 g Butter, in Stücken
Für die Tarts:
300 g Blätterteig, 6 Feigen (je etwa 90 g)
1 Eigelb, 20 g Puderzucker
Für die Cassissauce:
60 g brauner Zucker, Saft von 1 Zitrone
60 ml Weißwein, 100 ml Crème de Cassis
Außerdem:
Backpapier, Puderzucker, Minze zum Garnieren

Für das Eis in einer Kasserolle den Portwein mit der Hälfte des Zuckers, den Nelken und der Vanilleschote aufkochen. Die Hitze reduzieren und 5 Minuten köcheln lassen. In der Zwischenzeit die Eigelbe mit dem restlichen Zucker und dem Salz mit dem Schneebesen cremig rühren, den noch heißen Portwein langsam unter ständigem Rühren zugießen. Die Creme in den Topf umfüllen und langsam erhitzen, dabei ständig weiterrühren. Vorsicht, die Creme darf keinesfalls kochen. Sie ist dann genügend erhitzt, wenn sie leicht angedickt auf dem Kochlöffel liegenbleibt oder sich beim Daraufblasen Kringel zeigen, die an die Form einer Rose erinnern. »Zur Rose abziehen«, nennt denn auch der Fachmann

Zunächst die Feigen schälen, dafür mit einem Küchenmesser die Haut vom Stiel her abziehen; die Häute aufbewahren. Die Feigen halbieren und in dünne Schnitze teilen. Die Blätterteigböden am Rand mit dem verquirlten Eigelb bestreichen und kreisförmig mit den Feigenschnitzen belegen.

diesen Vorgang. Die Creme durch ein feines Haarsieb passieren und bis auf 35 °C abkühlen lassen. In den Mixer geben, auf mittlerer Stufe nach und nach die Butter untermischen. Die Creme in der Eismaschine frieren. Mit dem Eisportionierer Kugeln ausstechen und diese noch einmal kurz in den Gefrierschrank geben. Den Blätterteig auf einer bemehlten Arbeitsfläche 3 mm dick ausrollen und Kreise von etwa 12 cm Durchmesser ausstechen. Diese auf ein mit Backpapier belegtes Blech legen und mit einer Gabel mehrmals einstechen. Die Teigkreise auf dem Blech nochmals 10 bis 15 Minuten kühl ruhen lassen. In der Zwischenzeit die Feigen vorbereiten und die Blätterteigböden belegen, wie links gezeigt. Die Feigen-Tarts bei 200 °C im vorgeheizten Ofen 10 Minuten backen, mit Puderzucker bestauben und in weiteren 5 bis 10 Minuten fertigbacken. Für die Sauce den Zucker in einer Kasserolle leicht karamelisieren, mit Zitronensaft ablöschen, die Feigenschalen zugeben und diese kurz glasieren. Weißwein und Cassis zugießen und bei reduzierter Hitze 10 Minuten köcheln. Durch ein feines Sieb passieren und abkühlen lassen. Die Tarts auf Teller legen, mit Puderzucker bestauben, je 1 Kugel Eis in die Mitte setzen, etwas Sauce auf den Tellern verteilen und mit Minzeblättchen garnieren. Die restliche Sauce separat dazu reichen.

Blätterteig selbst herzustellen ist recht mühsam. Und da auch der fertig gekaufte von guter Qualität ist, empfiehlt es sich, solchen zu verwenden. Man kann ihn entweder beim Bäcker bestellen oder tiefgekühlt erwerben.

USA

Das Mehl in die zerlassene Butter einrühren und unter ständigem Rühren hellbraun anschwitzen. Die Milch nach und nach unterrühren, bis eine homogene Masse entstanden ist.

Gingerbread-Soufflé

DIE AMERIKANISCHE VARIANTE EINES WÜRZIGEN LEBKUCHEN-SOUFFLÉS.

Auch wenn der Name es anders vermuten läßt: Nicht nur Ingwer – »Ginger« – verleiht dem lockeren Soufflé den Geschmack, sondern die ganze Palette der »weihnachtlichen Gewürze« trägt zum Aroma bei. Übrigens verlieren diese, einmal gemahlen, recht schnell ihr Aroma. Sie sollten daher nicht lange auf Vorrat gehalten werden.

Für das Gingerbread-Soufflé:
50 g Butter, 70 g Mehl
1/4 l Milch
35 g Honig
70 g Zuckerrübensirup
1 TL gemahlener Zimt
1 TL gemahlener Ingwer
1/2 TL gemahlene Nelken
1/2 TL gemahlener Piment
1/2 TL gemahlene Muskatnuß
1 Messerspitze gemahlener Kardamom

Den Honig und den Sirup untermischen und 15 Minuten unter ständigem Rühren köcheln lassen. Die gemahlenen Gewürze einstreuen.

In eine Schüssel umfüllen. Das Ei unter die noch heiße Masse rühren, etwas abkühlen lassen. Die Eigelbe nacheinander in die lauwarme Masse einarbeiten.

Die Eiweiße zu steifem Schnee schlagen, dabei den Zucker einrieseln lassen. Mit einem Kochlöffel vorsichtig unter die Masse ziehen.

»Cranberry«, auch Kranichbeere genannt, ist nicht gleich »Preiselbeere« (red whortleberry). Die wesentlich größeren, fleischigen Cranberries sind reine, hauptsächlich in Nordamerika angebaute Kulturpflanzen und nicht mit unseren kleinen, würzigen Preiselbeeren zu verwechseln. Cranberries bekommt man in Europa gekocht in Dosen, aber auch frisch – sie halten sehr lange.

1 Ei, 4 Eigelbe
4 Eiweiße
90 g brauner Zucker
Für die Cranberry-Sauce:
200 g Cranberries, 200 ml Wasser
100 g brauner Zucker
Saft und Schale von 1/2 unbehandelten Zitrone
Außerdem:
6 Souffléförmchen von je 200 ml Inhalt
Butter und brauner Zucker für die Förmchen
Puderzucker zum Besieben

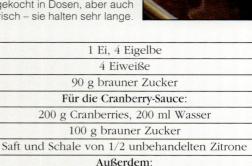

Die Souffléförmchen mit Butter ausfetten und mit Zucker ausstreuen. Den überschüssigen Zucker

ausklopfen. Für die Soufflémasse die Butter in einer Kasserolle zerlassen und weiterverfahren, wie in der links oben beginnenden Bildfolge gezeigt. Die Soufflémasse bis etwa 1 cm unter den Rand in die Förmchen einfüllen. Bei 180 °C im vorgeheizten Ofen 20 Minuten backen. Während die Gingerbread-Soufflés im Ofen sind, die Cranberry-Sauce zubereiten. Dafür die Cranberries sorgfältig verlesen, gründlich waschen und abtropfen lassen. Die Beeren in einem Topf mit dem Wasser, dem Zucker, dem Zitronensaft und der Zitronenschale unter gelegentlichem Rühren etwa 15 Minuten kochen lassen. Vom Herd nehmen, die Zitronenschale entfernen und die Cranberries durch ein feines Sieb passieren. Die fertiggebackenen Soufflés aus dem Ofen nehmen, mit Puderzucker besieben und in den Förmchen sofort servieren. Das muß möglichst schnell gehen, da Soufflés – läßt man sie auch nur wenige Minuten stehen – bereits wieder in sich zusammenfallen. Daher empfiehlt es sich, die Teller schon bereitzuhalten und die Cranberry-Sauce separat dazu zu reichen.

Blue Mountain coffee mousse

MIT DEM EDLEN AROMA DES – LAUT KENNERN – FEINSTEN KAFFEES DER WELT UND, TYPISCH JAMAIKANISCH, MIT FRISCHER KOKOSNUSS.

Soll ein Dessert veredelt werden, greifen Jamaikaner nicht selten zu ihrem »Blue Mountain coffee« oder »coffee liqueur«. Auf den nebligen Gipfeln der Blue Mountains wird der bei weitem teuerste Kaffee der Welt angebaut. In dem offiziell festgelegten Gebiet wachsen die »cherry berries«, die von einer fruchtähnlichen roten Hülle überzogenen rohen Kaffeebohnen. Davon gibt es verschiedene Qualitätsstufen: je höher die Anbaulage, desto besser der Kaffee. Offiziell dürfen die Bohnen von nur vier »factories« insgesamt verarbeitet werden, unter anderem von der Mavis Bank Central Factory. Allein diesen vier wurde vom Jamaican Coffee Board nach dem Zweiten Weltkrieg die Befugnis zur Verarbeitung der edlen Kaffeebohne erteilt, um die Qualität des Blue Mountain coffee zu wahren. Kleine Anbauer verarbeiten dennoch ihre Kaffeebohnen wohl auch selber, wie dieser Anbauer rechts im großen Bild, der sie in einem gußeisernen Gefäß röstet.

Für die Kaffeemousse:
1/8 l starker Kaffee (Blue Mountain coffee)
Mark von 1/2 Vanilleschote
4 Blatt weiße Gelatine
1/4 l Milch
4 Eigelbe, 200 g Zucker, 4 Eiweiße
Außerdem:
30 g frisch geraspelte Kokosnuß
150 ml Sahne, 20 g Zucker
Pfefferminzblättchen zum Garnieren

1. Den Kaffee mit dem ausgeschabten Vanillemark erwärmen. Die in kaltem Wasser eingeweichte und gut ausgedrückte Gelatine zugeben und darin auflösen. Die Milch in den heißen Kaffee einrühren und abkühlen lassen, bis die Mischung fast zu gelieren beginnt.

2. Die Eigelbe mit 100 g Zucker in eine Schüssel geben und auf einem Wasserbad mit dem Mixer cremig aufschlagen. Die Milch-Kaffee-Mischung unter die Eigelbmasse rühren.

3. Die Eiweiße zu steifem Schnee schlagen, dabei den restlichen Zucker langsam einrieseln lassen. Den Eischnee vorsichtig unter die Kaffeemischung ziehen. In kleine Glasschalen füllen und etwa 4 Stunden in den Kühlschrank stellen. Wer sich die Mühe machen will, kann die Mousse auch in Kokosnußschalen anrichten, das optische Ergebnis lohnt sich.

4. Die Kokosraspel in einer beschichteten Pfanne rösten und auskühlen lassen.

5. Sahne und Zucker halbsteif schlagen. Die Mousse aus dem Kühlschrank nehmen und mit Sahne, Kokosraspeln und Minze garnieren.

KARIBISCHE INSELN

Papayaernte auf Jamaika. Papayas oder Baummelonen, wie diese Früchte auch genannt werden, wachsen dicht am Stamm. Traubenartig hängen sie in den astlosen Baumkronen und sind so leicht zu pflücken.

Dreierlei Melonen in Passionsfruchtsauce

EINFACH IN DER ZUBEREITUNG UND DOCH INTENSIV IM GESCHMACK – EIN COCKTAIL VOLLER EXOTIK.

Im feuchten karibischen Klima gedeihen tropische Früchte im Überfluß. Kein Wunder, daß man dort die verschiedensten Zubereitungen kennt. Für dieses Dessert werden unterschiedliche Fruchtaromen miteinander zu einem köstlichen Mix kombiniert. Den Geschmack der Sauce bestimmt die Purpurgranadilla oder Rote Passionsfrucht. Sie zählt zu der Gattung der Passiflora, Pflanzenliebhabern durch ihre außergewöhnlich schönen Blüten bekannt, und zeichnet sich im Gegensatz zur gelben Passionsfrucht durch ihr besonderes, süß-säuerliches Aroma mit feiner Aprikosennote aus. Von ganz anderer, festerer Konsistenz müssen die Früchte zum Ausstechen der Kugeln sein. Hier empfehlen sich Papayas und Melonen, die beide festfleischig und sehr saftig sind. Da sie einen geringen Anteil an Fruchtsäure haben, ergänzt die säuerliche Granadillasauce ihr Aroma aufs beste. Papayas sind in Europa inzwischen ganzjährig erhältlich. Bei den Melonen sollte man allerdings beim Einkauf auf eine gute Qualität achten, denn nur ausgereift entfalten sie ihr volles Aroma. Ob eine Melone reif ist, erkennt man daran, daß sie auf Daumendruck leicht federnd nachgibt. Richtig reif verströmen die Netz- oder Zuckermelonen außerdem einen starken, aromatischen Duft. Für welche Sorte man sich entscheidet, ist dagegen zweitrangig. Für dieses Rezept kommt auch eine Charentais- oder Ogenmelone in Frage.

Gut gekühlt sollten die Melonen- und Papayakugeln sein, dann ist dieses erfrischend-fruchtige Dessert ideal als Abschluß eines sommerlichen Menüs.

Für die Passionsfruchtsauce:
6 Purpurgranadillas, 15 g frische Ingwerwurzel
120 g Zucker, Saft von 2 Orangen
Saft von 1 Limette, 50 ml Weißwein
Außerdem:
1 unbehandelte Limette
1 Papaya, 1/2 grüne Wassermelone
1 Netzmelone (Galia)
1 Honigmelone (Honey Dew)
Ananassalbeiblättchen

1. Für die Sauce die Purpurgranadillas oder Rote Passionsfrüchte halbieren und mit einem Löffel das Fruchtfleisch zusammen mit den schwarzen

KARIBISCHE INSELN

Samenkernen auslösen. Den Ingwer schälen und in Scheiben schneiden. In einer Kasserolle den Zucker mit dem Orangen- und Limettensaft, dem Ingwer sowie dem ausgelösten Granadillafruchtfleisch mitsamt den Kernen zum Kochen bringen. Etwa 5 Minuten bei geringer Hitze köcheln lassen. Die Kasserolle vom Herd nehmen und die Sauce durch ein Sieb passieren. Nochmals aufkochen lassen und, falls nötig, abschäumen. Die Sauce erkalten lassen und den Weißwein unterrühren.

2. Die Limette unter fließendem heißen Wasser gut abbürsten und abtrocknen. Der Länge nach halbieren und jede Hälfte in 4 Spalten schneiden.

3. Papaya und Melonen halbieren. Mit einem Löffel die Kerne entfernen. Aus dem Fruchtfleisch mit einem Kugelausstecher Kugeln auslösen. Papaya- und Melonenkugeln auf Teller anrichten. Die Passionsfruchtsauce darübergießen und, garniert mit Ananassalbeiblättchen und Limettenspalten, servieren.

KARIBISCHE INSELN

Der braune Zucker von den karibischen Inseln trägt mit seinem typisch malzigen Geschmack zum exotischen Charme dieses Desserts bei. In kleinen Läden wird er je nach Nachfrage abgewogen und verkauft.

Baba au rhum

VERSCHWENDERISCH GETRÄNKTE HEFETEIGRINGE, MIT DEM GANZEN AROMA DER KARIBIK.

Internationaler geht es kaum: Die »Baba«, der saftige Hefekranz, ist russischen Ursprungs. Die Meister der klassischen französischen Küche haben die Spezialität mit echtem karibischen Rum aus den fernen Kolonien verfeinert. Und inzwischen hat die Köstlichkeit längst ihren Weg vom französischen Mutterland in die neue Welt gefunden, um dort, begleitet von einem tropischen Früchtemix, wiederum ganz exotisch daherzukommen.

Für den Hefeteig:
175 g Mehl, 8 g frische Hefe, 50 ml lauwarme Milch
75 g zerlassene, lauwarme Butter
20 g Zucker, 1/4 TL Salz
1/4 TL Abgeriebenes von 1 unbehandelten Zitrone
2 Eier
Für den Sirup:
1/4 l Wasser, 150 g Zucker
5 cl brauner Rum (45 %), 60 g Aprikotur
Für die Früchte:
1 Mango, geschält, 1 Kiwi, geschält
1 Granatapfel, halbiert, 12 Kapstachelbeeren
50 g Zucker, Saft von 1 Limette, 100 ml Weißwein
Außerdem:
15 Savarin-Förmchen von 9 cm Durchmesser
Butter und Mehl für die Förmchen
1/8 l Sahne, 20 g Zucker
einige Blättchen Zitronenmelisse

1. Das Mehl in eine Schüssel sieben, in die Mitte eine Mulde drücken. Die Hefe hineinbröckeln, mit der Milch auflösen, etwas Mehl vom Rand untermischen. Den Ansatz mit Mehl bestauben und abgedeckt, an einem warmen Ort gehen lassen, bis die Oberfläche Risse zeigt. Butter, Zucker, Salz, Zitronenschale und Eier vermischen. Mit dem Hefeansatz und dem Mehl verrühren.

2. Den Teig mit den Händen so lange schlagen, bis er glatt und glänzend ist, Blasen wirft und sich gut von der Schüsselwand löst. Er muß sich leicht ausziehen lassen und darf nicht zu fest sein; gegebenenfalls noch etwas Milch zugeben. Mit einem Tuch abgedeckt, erneut 15 Minuten gehen lassen.

3. Die Förmchen ausfetten, mit Mehl bestauben. Den Teig mit einem Spritzbeutel (Lochtülle Nr. 14) in die Förmchen spritzen, wie gezeigt. Bei 210 °C im vorgeheizten Ofen etwa 15 Minuten backen. Aus dem Ofen nehmen. 4 Babas beiseite legen, die restlichen Babas lassen sich gut einfrieren und bei anderer Gelegenheit verwenden.

4. Für den Sirup Wasser und Zucker aufkochen, lauwarm abkühlen lassen, in eine große Schüssel umfüllen und den Rum zusetzen. 4 Babas nebeneinander eintauchen, bis sie ganz durchzogen sind. Vorsichtig herausheben, sie brechen leicht. Mit heißer Aprikotur bestreichen und gut kühlen.

5. Die Mango entlang beiden Seiten des Steins abschneiden, würfeln. Die Kiwi in Scheiben schneiden, aus dem Granatapfel die Kerne lösen. Die Kapstachelbeeren von der Hülle befreien, halbieren. Zucker, Saft und Wein aufkochen. Die Früchte 1 Minute darin ziehen, dann erkalten lassen. Sahne und Zucker halbsteif schlagen. Die Babas mit Früchten, Sahne und Melisse anrichten.

Die Förmchen nur bis zur Hälfte füllen, und den Teig, mit einem Tuch bedeckt, nochmals 10 bis 15 Minuten gehen lassen, bis er das Doppelte seines Volumens erreicht hat.

KARIBISCHE INSELN

Die Kakaofrucht birgt in ihrem Innern die kostbaren Kakaosamen – das braune Gold. Ursprünglich aus Südamerika stammend, wird Kakao heute auch in Afrika und Asien angebaut. Edelkakao kommt aber nach wie vor aus Lateinamerika.

Schokoladenwaffeln mit Kokosnuß-Sorbet

EINE DELIKATE KOMBINATION – KREIERT VON EINEM PATISSIER VON DEN NIEDERLÄNDISCHEN ANTILLEN.

Abgerundet wird dieses Dessert noch durch eine herb-süße Schokoladensauce. Für ihre Herstellung eignet sich Tafelschokolade ebenso wie Kuvertüre. Dabei ist jedoch die Qualität entscheidend. Bei Tafelware sollte man unbedingt die Sorten Edel- oder Extrabitter bevorzugen und bei Kuvertüre darauf achten, daß sie mindestens 70 % Kakaoanteil enthält.

Für den Waffelteig:
100 g Mehl
10 g Kakaopulver
200 ml Sahne
2 Eigelbe
je 1 Prise gemahlene Nelken, Zimt und Anis
Mark von 1/2 Vanilleschote
Abgeriebene Schale von 1/2 Zitrone
30 g zerlassene Butter
3 Eiweiße
1 Prise Salz, 50 g Zucker
Für das Kokoßnuß-Sorbet:
1 Dose Coconut cream, leicht gesüßt (220 ml)
1/8 l Mineralwasser
2 cl brauner Rum
2 cl Curaçao-Likör, 2 Eiweiße
100 g Zucker
Für die Schokoladensauce:
150 g bittere Kuvertüre oder Tafelschokolade
80 ml Milch
100 ml Sahne, 30 g Honig
Außerdem:
Brüsseler Waffeleisen
Öl für das Waffeleisen
Puderzucker zum Besieben
20 g gehackte Pistazien

Knusprige Waffeln mit einem Hauch Exotik. Das feine Aroma von Schokolade harmoniert ausgezeichnet mit dem Geschmack von Kokosnuß, braunem Rum und Curaçao.

1. Für den Waffelteig das Mehl mit dem Kakaopulver in eine Schüssel sieben. Die Sahne, die Eigelbe, alle Gewürze und die zerlassene Butter zufügen und zu einem glatten Teig verrühren. Die Eiweiße mit dem Salz und dem Zucker zu einem weichen Schnee schlagen. 1/3 des Eischnees mit dem Schneebesen unter den Teig rühren, den Rest mit dem Spatel unterheben.

2. Das Waffeleisen aufheizen und mit etwas Öl einpinseln. Etwa 2 Eßlöffel des Teiges auf das heiße Waffeleisen gießen und 1 Waffel backen. Herausnehmen und auf einem Kuchengitter auskühlen lassen. Auf diese Weise nacheinander Waffeln backen, bis der ganze Teig verbraucht ist. Die Waffeln in der Mitte teilen.

KARIBISCHE INSELN

3. Für das Kokosnuß-Sorbet die Coconut cream mit Mineralwasser, Rum und Curaçao vermischen. Die Eiweiße zu Schnee schlagen, dabei den Zucker langsam einrieseln lassen. Den Eischnee mit dem Schneebesen unter die Coconut-Mischung rühren, in die Eismaschine füllen und cremig frieren.

4. Für die Schokoladensauce Kuvertüre oder Tafelschokolade in Stücke brechen und in einer Schüssel auf einem Wasserbad schmelzen. In einem Topf die Milch mit der Sahne und dem Honig aufkochen und die Mischung unter die geschmolzene Kuvertüre rühren. Mit dem Mixstab homogenisieren, dabei darauf achten, daß er immer unter der Oberfläche bleibt, damit keine Blasen entstehen. Die Sauce auf Zimmertemperatur abkühlen lassen.

5. Die Waffeln auf Teller anrichten und mit etwas Puderzucker besieben. Das Sorbet in einen Spritzbeutel mit Sterntülle Nr. 12 füllen und Rosetten neben die Waffeln spritzen. Die Sorbetrosetten mit der abgekühlten Sauce übergießen und mit gehackten Pistazien bestreuen.

KARIBISCHE INSELN

Spiced bananas

HEISSE, MIT KARIBISCHEM RUM AROMATISIERTE BANANEN UND KÜHLES VANILLEPARFAIT.

Der beste Rum der Karibik wird direkt aus Zuckerrohrsaft gewonnen. Doch dieser ist selten und viermal so teuer wie die gängigen, aus Melasse hergestellten Sorten. Trotz aller Mechanisierung der Landwirtschaft wird Zuckerrohr auch heute noch von Hand – mit der Machete – abgeschlagen, direkt über dem Boden, weil der Saft dort am süßesten ist. Der Löwenanteil der karibischen Zuckerrohrernte wandert übrigens nicht mehr – wie noch in jüngerer Zeit – in Zuckerfabriken, sondern direkt in die Destillerien.

Für das Vanilleparfait:
6 Eigelbe, 150 g Zucker, 1/4 l Milch
1/2 Vanilleschote, 350 ml Sahne
Für die gewürzten Bananen:
500 g kleine Bananen, 25 g Butter, Saft von 1 Limette
100 g brauner Zucker, 4 cl Rum
1/2 TL frisch geriebene Muskatnuß
je 1/2 TL gemahlener Zimt und Piment

Bananen sind heutzutage im Anbau lukrativer als Zuckerrohr und werden deshalb auf den karibischen Inseln zunehmend kultiviert. Auf Martinique beispielsweise sind sie – und nicht mehr Zucker oder Rum – der Exportartikel Nummer eins.

Karibische Aromen – Zimt, Muskatnuß und Piment sowie der Geschmack des braunen Zuckers – kristallin und destilliert als Rum – geben diesen kleinen Inselbananen die besondere Note.

Schale und Saft von 1/2 unbehandelten Orange
1 Prise Salz
Außerdem:
1 Kastenform von 1,5 l Inhalt
Schokoladenröllchen zum Garnieren

1. Für das Parfait die Eigelbe mit dem Zucker cremig rühren. Die Milch mit der aufgeschlitzten Vanilleschote aufkochen. Vom Herd nehmen, die Vanilleschote entfernen und das Mark in die Milch zurückstreifen. Die heiße Vanillemilch unter die Eigelbmasse rühren. In eine Kasserolle umfüllen und die Creme unter ständigem Rühren erhitzen, bis sie leicht angedickt auf dem Löffel liegen bleibt, sie darf dabei aber keinesfalls kochen.

KARIBISCHE INSELN

2. Die Creme in eine Schüssel umfüllen und mit dem Handrührgerät kalt schlagen. Die Sahne steif schlagen und unter die kalte, luftige Creme ziehen. In die Form füllen und einige Stunden im Tiefkühlgerät gefrieren.

3. Die Bananen schälen und schräg halbieren. Die Butter zerlassen und die Bananen darin kurz von allen Seiten anbraten, mit dem Limettensaft ablöschen, kurz durchschwenken. Bananen und Saft auf einen Teller geben, beiseite stellen. Den Zucker in der Pfanne karamelisieren, mit dem Rum ablöschen. Bei einem Gasherd besonders aufpassen, weil der Rum schnell entflammt. Muskatnuß, Zimt und Piment (Neugewürz) untermischen. Orangenschale und -saft einrühren. Salzen und alles mit dem Schneebesen gut durchrühren, bis sich der Zucker völlig aufgelöst hat.

4. Die Bananen mit dem Saft wieder in die Pfanne zurückgeben und in dem Gewürzsud 2 Minuten durchschwenken. Die Bananen mit etwas Saft in tiefen Tellern anrichten.

5. Die Form mit dem Vanilleparfait kurz in heißes Wasser stellen und das Parfait auf ein Brett stürzen. Die Form abheben und das Parfait in 3 cm große Würfel schneiden. Jeweils einige Parfaitwürfel auf den Bananen verteilen, mit Schokoladenröllchen garnieren und sofort servieren.

Mangos mit Schokoladen-Kaffee-Sauce

DIE EXOTISCHE VARIANTE EINES KLASSISCHEN DESSERTS: FRÜCHTE MIT AUFGESCHLAGENER SAUCE.

Schokoladensaucen haben in der mexikanischen Küche einen besonderen Stellenwert. Man denke etwa an die berühmte scharfwürzige Mole, die – zu Truthahn gereicht! – bei keinem mexikanischen Fest fehlen darf. Verwendet wird dort eine zu Talern gepreßte, extrem herbe Schokolade von ausgesprochen kristalliner Konsistenz. Da diese bei uns nur sehr schwer zu bekommen ist, muß man sich für diese mit Kaffee aromatisierte Schokoladensauce mit sehr bitterer Schokolade oder Kuvertüre behelfen.

Der fruchtig-intensive, leicht säuerliche Geschmack reifer Mangos bildet einen angenehmen Kontrast zu der herben, cremigen Schokoladen-Kaffee-Sauce.

Reife Früchte im Überfluß. Damit ihr Angebot vor der intensiven Sonne geschützt wird, hängt die mexikanische Marktfrau ihren Stand mit Tüchern ab.

2 reife Mangos (je etwa 360 g)
Für die Schokoladen-Kaffee-Sauce:
1/8 l Milch
1/8 l Sahne
1 Stück Zimtrinde (etwa 5 cm)
1 EL Kaffeepulver
50 g bittere Kuvertüre, 6 cl Rum
3 Eigelbe, 50 g brauner Zucker
Außerdem:
Minzeblättchen zum Garnieren

1. Für die Schokoladen-Kaffee-Sauce die Milch und die Sahne mit dem Zimt und dem Kaffeepulver in einer Kasserolle aufkochen, vom Herd nehmen und 5 Minuten durchziehen lassen. Durch ein feines Sieb passieren.

MEXIKO

2. Die Eigelbe und den Zucker mit dem Schneebesen cremig, aber nicht schaumig aufschlagen. Die noch heiße Milch-Sahne-Mischung nach und nach unter die Eigelbe rühren.

3. Die Mischung wieder zurück in die Kasserolle füllen und unter ständigem Rühren erhitzen, bis die Sauce leicht angedickt ist – sie darf dabei keinesfalls kochen. Den Topf vom Herd nehmen. Die Sauce durch ein feines Sieb passieren.

4. Die Kuvertüre grob zerhacken und in einer Schüssel auf einem Wasserbad schmelzen. Die geschmolzene Kuvertüre sorgfältig unter die passierte Schokolade-Kaffee-Sauce ziehen, etwas abkühlen lassen und den Rum unterrühren.

5. Die Mango längs in 3 Teile schneiden, dabei mit dem Messer dicht entlang der beiden Seiten des im mittleren Teil liegenden Steins fahren. Aus den beiden äußeren Teilen der Frucht mit einem Eßlöffel das Fruchtfleisch in einem Stück herauslösen, dabei mit dem Löffel ganz dicht an der Schale bleiben. Das Mangofruchtfleisch quer in 1,5 cm breite Scheiben schneiden.

6. Die Mangoscheiben dachziegelartig auf Tellern anrichten und die Sauce neben das Obst gießen. Mit Minzeblättchen garnieren.

MEXIKO

Tequila-Birnen

SERVIERT WERDEN SIE AUF MILCHREIS, DER IN MEXIKO ZUM STANDARDANGEBOT EINES JEDEN RESTAURANTS GEHÖRT.

Damit die Birnen ihren außergewöhnlichen Geschmack erhalten, werden sie in einem Sud aus Limettensaft und Tequila gedünstet, der mit Zimt und Piloncillo gewürzt wird. Piloncillo ist Rohzucker, also unraffinierter Zucker, der meist aus Zuckerrohr – »caña de azúcar« –, selten aus Palmzucker gewonnen wird. Von dunkelbrauner Farbe, wird er zu Kegeln oder Talern gepreßt und meist unverpackt angeboten. In Mexiko wird diese dunkle Zuckerart auch als »azúcar prieta« bezeichnet und im deutschen Sprachraum wird sie zuweilen »Hutzucker« genannt.

Für die Tequila-Birnen:
600 ml Wasser
Schale und Saft von 1 unbehandelten Limette
1 Stück Zimtrinde (etwa 5 cm lang)
150 g Piloncillo (Rohzucker)
4 Birnen mit Stielen
6 cl Tequila
Für den Milchreis:
Schale von 1/2 unbehandelten Limette
800 ml Milch, 250 g Rundkornreis
1 Prise Salz, 150 g Zucker
Mark von 1/2 Vanilleschote
Außerdem:
50 g gehackte Pecannüsse zum Bestreuen

1. Für den Kochsud der Birnen das Wasser in einem hohen Topf mit der Limettenschale, dem Limettensaft, der Zimtrinde und dem Piloncillo aufkochen und so lange köcheln lassen, bis sich der Zucker vollständig aufgelöst hat.

2. Die Birnen schälen und dabei darauf achten, daß der Stiel jeweils an der Frucht bleibt. Den Tequila und die Birnen in den Sud geben und 10 Minuten köcheln lassen. Vom Herd nehmen und die Birnen im Sud erkalten lassen.

3. Für den Milchreis die Limettenschale in feine Streifen schneiden. Die Milch in einem entsprechend großen Topf zum Kochen bringen. Den Reis, die Limettenschale, das Salz, den Zucker und das Vanillemark zugeben. Die Hitze reduzieren und 30 Minuten köcheln lassen, dabei immer wieder umrühren.

4. Den Milchreis auf 4 Tellern anrichten. Die Birnen aus dem Sud nehmen und je 1 Frucht auf den Reis setzen. Mit den gehackten Pekannüssen bestreuen und servieren.

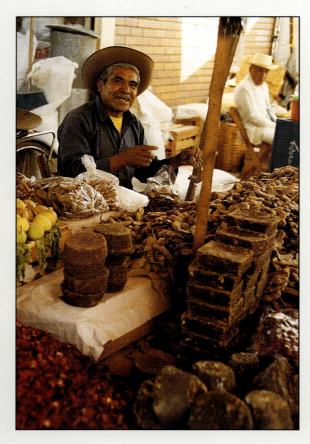

Piloncillo, der dunkelbraune Rohzucker, wird in Mexiko stückweise auf den Märkten angeboten. Der unraffinierte Zucker schmeckt kräftig und sehr süß.

KOLUMBIEN

Heiße Baumtomaten mit Honigparfait

MIT EINER HIMBEERSAUCE, DIE DANK DER FEINEN SÄURE DAS ZARTSCHMELZENDE PARFAIT PERFEKT ERGÄNZT.

Baumtomaten oder Tamarillos stammen ursprünglich aus dem Hochland der Anden, sind heute jedoch im gesamten Tropengürtel verbreitet. Exportiert werden die Beerenfrüchte nur sorgfältig in Kisten verpackt, da sie sehr druckempfindlich sind.

4 reife Tamarillos, 40 g Zucker
Für das Honigparfait:
3 Eigelbe, 100 g Honig
1/8 l Milch
1 Prise Salz
175 ml Sahne
Für die Himbeersauce:
200 g Himbeeren, 80 g Zucker
Saft von 1/2 Zitrone
Außerdem:
1 Kastenform von 750 ml Inhalt
1 feuerfeste Form, 10 g Butter für die Form
Pfefferminzblättchen zum Garnieren

Tamarillos heiß aus dem Ofen – dazu ein kühles Parfait. Da die dünne Schale der Baumtomaten einen leicht bitteren Geschmack aufweist, empfiehlt es sich, sie vor dem Verzehr zu schälen oder, wie hier, mit einem Löffel aus der Schale zu lösen.

Tamarillos oder Baumtomaten wachsen an baumartigen Sträuchern, die bis zu 6 m hoch werden. Wie Tomaten gehören auch sie zur Familie der Nachtschattengewächse.

1. Für das Honigparfait die Eigelbe und den Honig in einer Schüssel cremig, aber nicht schaumig rühren. In einer Kasserolle die Milch mit dem Salz zum Kochen bringen und die heiße Milch nach und nach unter die Eigelb-Honig-Masse rühren. Alles wieder in die Kasserolle zurückfüllen und unter ständigem Rühren erhitzen, bis die Creme leicht angedickt auf dem Kochlöffel liegen bleibt – sie darf aber keinesfalls kochen. Vom Herd nehmen, durch ein feines Sieb passieren und mit dem Handrührgerät kaltschlagen.

2. Die Sahne steifschlagen, unter die kalte Creme rühren und die Masse in die Kastenform füllen. Ins Gefriergerät stellen und über Nacht frieren lassen.

3. Für die Sauce die Himbeeren verlesen und die Beeren mit Zucker und Zitronensaft aufkochen. Im Mixer pürieren und durch ein Sieb passieren.

4. Die Tamarillos halbieren, das Fruchtfleisch mit einem Eßlöffel aus der Schale lösen. Eine feuerfeste Form mit Butter ausfetten, die Himbeersauce eingießen und die halbierten Tamarillos einlegen. Mit Zucker bestreuen und bei 200 °C im vorgeheizten Ofen 15 Minuten garen.

5. Die Früchte auf Teller verteilen. Das Parfait in der Form kurz in heißes Wasser tauchen, stürzen und in etwa 2 cm dicke Scheiben schneiden. Diese diagonal halbieren, jeweils 1 Parfaitdreieck zu den Tamarillos legen, etwas Sauce angießen, mit Pfefferminzblättchen garnieren und servieren.

Limettencreme

FRUCHTIG-SÜSSE MANGOWÜRFEL VERSTECKEN SICH UNTER DER SÄUERLICHEN JOGHURTCREME.

Die Limette wird auch »Zitrone der Tropen« genannt, sie ist aber eine echte Alternative zur Zitrone. Meist doppelt so saftig wie diese, hat sie keine oder nur ganz wenige Kerne, hocharomatisches Fruchtfleisch und eine ebensolche, meist unbehandelte Schale. Für die Limettencreme wird in diesem Fall nicht die ganze Schale verwendet, sondern nur ihr aromatisches Öl, das mit Würfelzucker abgerieben wird. So vermeidet man die bittere Note, die sich durch die weiße Innenhaut der Schale sonst ergeben würde.

Für die Limettencreme:
120 g Würfelzucker
3 unbehandelte Limetten
3 Blatt weiße Gelatine
175 g Joghurt
1/8 l Sahne, steif geschlagen
Außerdem:
1 Mango von etwa 360 g
100 ml Sahne
Maraschinokirschen
Schokoladensirup

Die Mango längs in drei Teile schneiden, im mittleren liegt der Stein. Das Fruchtfleisch mit einem Eßlöffel aus der Schale lösen, dabei mit dem Löffel dicht an der Schale bleiben. Vom Mittelstück die Schale mit einem Messer lösen. Mit einer Gabel oder den Fingern den Stein auf die Arbeitsfläche drücken und mit dem Messer das Fruchtfleisch abschaben. Das ausgelöste Fruchtfleisch in 1,5 cm große Würfel schneiden. Die Mangowürfel in Dessertgläser füllen und in den Kühlschrank stellen. Die Gelatine in kaltem Wasser einweichen. Weiterverfahren, wie in der Bildfolge rechts gezeigt. Die Limettencreme auf die Mangowürfel in die Gläser füllen und nochmals mindestens 1 Stunde kühlen. Die Sahne steifschlagen.

Die Creme erst kurz vor dem Servieren jeweils mit 1 Sahnerosette, etwas Schokoladensirup und 1 Maraschinokirsche garnieren.

Den Würfelzucker an den Limetten abreiben und in eine Kasserolle geben. Den Saft der Limetten auspressen, es sollten 80 ml sein.

Den Limettensaft zugießen und zusammen mit dem Zucker erhitzen, bis dieser sich völlig aufgelöst hat. Kurz aufkochen lassen.

Die Hitzequelle ausschalten, die Gelatine ausdrücken und im Sirup auflösen. Durch ein feines Sieb in eine Schüssel passieren.

Den Joghurt in eine Rührschüssel geben und die Limetten-Gelatine-Mischung unter ständigem Rühren zugießen.

Vor dem Festwerden der Limettencreme die geschlagene Sahne unterheben und vorsichtig unterrühren.

Kokoscremeschnitten

LUFTIGE CREME ZWISCHEN BLÄTTERTEIGBÖDEN – DEKORATIV MIT FONDANT VERZIERT.

Für 8 Portionen
200 g Blätterteig, 100 g Aprikosenkonfitüre
100 g Fondant, etwas Wasser oder Eiweiß
2 Tropfen Zuckercouleur oder 2 Messerspitzen Kakao
Für die Kokoscreme:
120 g Zucker, 40 g Speisestärke, 4 Eigelbe
1 Prise Salz, 1/4 l Milch, 1/4 l Kokosmilch
Mark von 1 Vanilleschote, 3 Eiweiße
Außerdem:
Pergamentpapier
1 Streifen Karton (75 cm lang, 3 cm hoch), Alufolie

1. Den Blätterteig in der Größe des Blechs 2 mm dick ausrollen. Den Teig mit einer Gabel in geringen Abständen einstechen, damit er so wenig wie möglich aufgeht. Das Blech mit Pergamentpapier auslegen, den Blätterteig darauflegen und eine halbe Stunde ruhen lassen.

Die Kokoscreme wird erst beim Auskühlen richtig fest, daher ist es wichtig, sie zum Erkalten in eine Form entsprechend der Größe des Teigbodens zu füllen, die nicht verrutschen kann.

Endlos ziehen sich die Kokoshaine an Brasiliens Küste entlang – sie sind geradezu zum Symbol des Landes geworden. Kein Wunder, daß die »Coco da Bahia«, wie die Kokosnuß in Brasilien genannt wird, dort überaus beliebt ist.

2. Den Blätterteig bei 200 °C im vorgeheizten Ofen in etwa 15 Minuten hellbraun backen. Herausnehmen und auskühlen lassen. Aus dem Blätterteig zwei Rechtecke von 12 x 24 cm ausschneiden. Eines davon als Boden zur Seite legen.

3. Aprikosenkonfitüre erhitzen, mit etwas Wasser verrühren und das zweite Teigrechteck damit bestreichen. Den Fondant auf einem 40 °C warmen Wasserbad auf 35 °C erhitzen und mit etwas Wasser oder Eiweiß verrühren. 1/3 der Masse beiseitestellen. Den restlichen Fondant über das mit Aprikosenkonfitüre bestrichene Teigblatt verteilen.

4. Für die Zierlinien den übrigen Fondant mit Zuckercouleur oder Kakaopulver einfärben. In eine Pergamentspritztüte füllen und parallel im

BRASILIEN

Abstand von 1 cm Linien auf den weißen Fondant spritzen. Diese dann mit der Messerspitze oder einem Stäbchen im rechten Winkel dazu verziehen. Dabei abwechselnd arbeiten, das heißt, einmal verzieht man die Linien nach links, einmal nach rechts.

5. Aus dem Kartonstreifen zunächst eine »Form« herstellen. Diesen dafür mit Alufolie überziehen, in der Größe des Bodens (12 x 24 cm) knicken, um den Blätterteigboden legen und die Kartonenden verkleben. Die »Form« mit Gewichten gegen ein seitliches Verrutschen sichern.

6. Für die Kokoscreme 50 g Zucker, Speisestärke, Eigelbe, Salz und 1/4 der Milch mit dem Schneebesen gut verrühren. Die restliche Milch mit der Kokosmilch und dem Vanillemark aufkochen. Die angerührte Speisestärke nochmals durchrühren, unter die kochende Milch rühren. Einige Male aufkochen lassen. Die Eiweiße mit dem restlichen Zucker zu steifem Schnee schlagen. Die Creme nochmals aufkochen und den Eischnee in die heiße Creme einrühren. Sie wird dadurch gelockert und gleichzeitig gefestigt.

7. Die Creme in die »Form« auf den Boden füllen, 1 Stunde im Kühlschrank fest werden lassen. Den Teigdeckel in Quadrate von 6 x 6 cm schneiden, diese auf die kalte Creme setzen. Den Kartonrand entfernen, die Creme samt Boden mit einem angewärmten Messer entlang den Deckeln in 8 Stücke schneiden.

GERÄTE UND HILFSMITTEL

Desserts erfordern für ihre Zubereitung nur wenige Spezialgeräte. In der Regel genügt die Standardausrüstung einer Küche. Hilfreich ist allerdings neben einem Handrührgerät eine Grundausstattung an verschiedenen Förmchen sowie ein Spritzbeutel mit nummerierten Tüllen.

1 Fritierkorb
2 Pudingform
3 Schneekessel mit Schneebesen
4 Handrührgerät mit Rührschüssel
5 Obstkuchenformen
6 Törtchenform
7 Briocheförmchen
8 Savarinform
9 Portionsförmchen für Cremes
10 Auflaufformen
11 Souffléförmchen
12 Teigroller
13 Obstmesser
14 Kochmesser
15 Kuchenmesser mit Zahnung
16 Winkelpalette
17 Zitruspresse
18 Meßbecher
19 Spitzsiebe
20 Runde Ausstechformen
21 Gezackte Ausstechformen
22 Spritzbeutel mit verschiedenen Tüllen
23 Zestenreißer
24 Kugelausstecher
25 Dekoriermesser
26 Eisportionierer
27 Rührlöffel
28 Schöpflöffel
29 Schaumlöffel

Register

Warenkundliche sowie verarbeitungstechnische Informationen sind kursiv geschrieben. Alle anderen Stichwörter beziehen sich auf die Rezepte.

A

Ahornsirup 176
An excellent trifle 62
Ananasfrüchte 66
Ananasfüllung 170
– reis 164
– sauce 66
Apfelbeignets 96
– sorbet 186
– strudel 118
Apfelsinensorbet 40
Aprikosen 36
Aprikosen, Clafoutis mit 36
– kompott 134
– sauce 136
Ausbackteig 60, 86, 162
Ausgebackene Kirschen mit Schokoladensauce 60

B

Baba au rhum 196
Baisertörtchen 104
Bananen 200
Bananen, flambierte 160
Baumtomaten 206
Baumtomaten, heiße 206
Bayerische Creme 9, 38
Beerenkaltschale mit Schnee-klößchen 78
– kompott 110
– kompott mit Creme-Windbeuteln 88
Beignetteig 96
Birnen in rotem Rioja 20
– Creme-Tarte 26
– pastete mit Marzipan-mantel 126
–, Tequila- 204
Biskuit mit Walderdbeersahne 98
–, Löffel- 38, 62, 140
– masse 92, 94, 98
– roulade 48, 94
Black rice pudding 172
Blue Mountain coffee 192
Blue Mountain coffee mousse 192
Brandteig 18, 34, 88, 100, 120
Brandteigkrapfen mit Zimt-sabayon 120
Brandy Snaps herstellen 186
Brombeerparfait 134
Buchteln 122
Buchweizen-Blinis mit Quarkfüllung 80

C

Cassissauce 188
Champagnergranité 7

– sabayon 86
Charentais-Melonen 42
Charlotte, Kaffee- 38
–, Mandarinen- 48
Cheese cake 178
Chocolate fudge tortlets 66
Churros 20
Clafoutis mit Aprikosen 36
Cranberries 190
Cranberry-Kompott 176, 180
– Sauce 190
Crema fritta 132
Crème au cognac 24
Creme, Bayerische 9, 38
– caramel 30
–, Cognac- 24
–, Englische 8
–, Frangipane- 26
–, Frucht-Sahne- 94
–, Füll- 18, 34, 88
–, Gestürzte 136
–, Kirsch-Joghurt- 64
–, Kokos- 210
–, Konditor- 9
–, Limetten- 208
–, Orangen- 48
– patissière 9
–, Portwein-, geeiste 12
–, Rum-Canache- 52
–, Schokoladen- 140
–, Vanille- 100, 140
Creme-Krapfen 18
– schnitten 52
– Windbeutel 88
Crêpes mit Himbeeren und Orangensauce 32
Crêpeteig 32

D

Dörrpflaumen 180
Dreierlei Melonen in Passions-fruchtsauce 194
Dukatenbuchteln 122
Dunkle Mousse 92

E

Eclairs, Kaffee- 100
Eis, Haselnuß- 176
–, Kaffee-Schokoladen- 106
–, Mandel- 54
–, Pistazien- 50
–, Portwein- 188
–, Vanille- 16, 70, 76
–, Zimt- 144
Eissoufflé, Mokka- 74
–, Preiselbeer- 70
Englische Creme 8
Erdbeersauce 16, 44, 72

Erdbeeren mit Apfelsinensorbet 40
–, gratinierte 16
Eßkastanien 124

F

Feigen 54
Feigen, flambierte 54
– Tart 188
Flambieren 160
Flambierte Bananen 160
Flambierte Feigen 54
Flammeri 90
Flan de naranja 22
Frangipanecreme 26
Fritole Venessiana 138
Frucht-Sahne-Creme 94
– gelee 178
Fruchtige Sahneroulade 94
Fruchtsauce, Ananas- 66
–, Aprikosen- 136
–, Cassis- 188
–, Cranberry- 190
–, Erdbeer- 16, 44, 72
–, Grenadine- 52
–, Himbeer- 182, 206
–, Holunder- 186
–, Limetten- 64
–, Maracuja- 128, 162, 170
–, Melonen- 42
–, Orangen- 32, 28, 70
–, Passionsfrucht- 194
–, Preiselbeer- 58, 144
–, Purpurgranadillas 168
–, Sauerkirsch- 132
Füllcreme 18, 34, 88

G

Garnitur
– aus Brandteig 24
– aus Eiweißspritzglasur 11
– aus Schokolade 10, 11 12, 106, 182
–, Hippenblätter 178
–, Saucen verziehen 11
Gebackene Holunderblüten 86
Gebackene Quitten mit Zimt-eiscreme 144
Gebackenes Obst 162
Geeiste Portweincreme 12
Geeiste Schokoladenmousse 92
Gefüllte Papaya mit Baiser-haube 168
Gestürzte Creme 136
Gewürzte Bananen 200
Gingerbread-Soufflé 190
Granatäpfel 52, 156
Granité, Champagner- 7
–, Pfefferminz- 46

– von Sauternes in der Melone 56
Gratinierte Erdbeeren 16
Grenadinesauce 52
Grießflammeri mit herbstlichem Kompott 90
Grießschnitten 152
– strudel mit Mohn 84

H

Haselnuß-Nockerln 102
– eis 176
Hefeteig 72, 108, 138, 196
Heiße Baumtomaten mit Honig-parfait 206
Helle Mousse 92
Himbeerkompott 80
– sahne 128
– sauce 182, 206
Hippen backen 64
Hippenmasse 64, 178
Holunder 86
Holunderblüten, gebackene 86
– kompott 130
– sauce 186
Honigparfait 206

J

Jackfruit 174
Jackfruit-Kompott 174
Johannisbeerkompott 84

K

Kaffee-Charlotte 38
– Eclairs 100
– glasur 100
– mousse 192
– Sabayon 106
– sauce 34, 202
– Schokoladen-Eis 106
Kakao 198
Karameläpfel 58
– creme 30
Kartoffelteig 82
Käse-Torte, Mango- 178
Kastanienparfait mit Schokoladen-sabayon 124
Kirschen mit Schokoladensauce, ausgebackene 60
Kirsch-Joghurt-Mousse 64
– kompott 74
Klebreis 166
Klebreis mit Mango 166
Kleine Biskuitböden herstellen 98
Kleine Hefepfannkuchen 108
Kokoscremeschnitten 210
Kokosmilch herstellen 166
Kokosnuß 166
Kokosnuß-Sorbet 198

REGISTER

Kokosröllchen mit Ananas-
  füllung 170
– sauce 166, 172
Kompott, Aprikosen- 134
–, Beeren- 88, 110
–, Cranberry- 176, 180
– herbstliches 90
–, Himbeer- 80
–, Holunder- 130
–, Jackfruit- 174
–, Johannisbeer- 84
–, Kirsch- 74
–, Kumquat- 124
–, Nektarinen- 152
–, Pfirsich- 116
–, Preiselbeer- 62, 70, 96, 104
–, Sauerkirsch- 18, 24, 100
–, Stachelbeer- 76
–, Zwetschgen- 102
Konditorcreme 9
Krapfen, Brandteig- 120
–, Creme- 18
–, Hefeteig- 72, 138
Krokant 130
Kuvertüre temperieren 10
– aufstreichen 10

L

Lime pie 182
Limetten 208
Limettencreme 208
– kuchen 182
– sauce 64
– sorbet 174
Liwanzen 108
Löffelbiskuits 38, 62, 140

M

Mandarinen-Charlotte 48
Mandelblätter 30
– brote 150
– eis 54
– Orangen-Törtchen 14
– sauce 122
Mango-Käse-Torte 178
Mangos mit Schokoladen-Kaffee-
  Sauce 202
Maracujasauce 162, 170
Marillenreis 148
Maroni 124
Melone, Granité von
  Sauternes in der 56
Melonen 194
Melonen in Passionsfruchtsauce,
  Dreierlei 194
– kugeln 12
– sauce 42
– sorbet 42
Milchreis 204
– füllung 168
Mille-feuille 52
Mohnfüllung 108
Mohr im Hemd 116
Mokka-Eissoufflé 74

Mostäpfel 186
Mousse au chocolat 92
– au chocolat mit Maracuja-
  sauce 128
–, Blue Mountain Coffee 192
–, dunkle 92
–, helle 92
–, Kaffee- 192
–, Kirsch-Joghurt- 64
–, Schokoladen-, geeiste 92
Mürbteig 26, 66, 68, 70, 182

N

Nektarinenkompott 152
Nockerln, Haselnuß- 102
Nockerlnteig 102

O

Obst, gebackenes 162
– salat mit Orangensauce 28
Orangen 22
Orangencreme 48
– flan 22
– Mandel-Törtchen 14
– salat, Reispudding mit 158
– sauce 28, 32, 70
– sirup 18

P

Palatschinkenteig 142
Pancakes 176
Panierte Cremeschnittchen 132
Panna cotta 136
Papaya mit Baiserhaube,
  gefüllte 168
Papayas 168, 194
Papiertüte herstellen 11
Parfait, Brombeer- 134
–, Honig- 206
–, Kastanien- 124
–, Schokoladen- 180
–, Vanille- 200
–, Walnuß- 44
Passionsfrüchte 178, 194
Passionsfruchtsauce 194
Pfannkuchen mit Ahornsirup 176
Pfefferminz-Granité 46
Pfirsichbaiser 104
– kompott 116
Pfirsiche in Rotwein 50
Piloncillo 204
Pistazieneis 50
Portweincreme, geeiste 12
– eis 188
Powidl 82
Powidlfüllung 82, 108
– tascherl 82
Preiselbeer-Eissoufflé 70
– kompott 62, 70, 96, 104
– sauce 58, 144
Profiteroles 34
Pudding, Toffee- 58
Purpurgranadillas 194
Purpurgranadillasauce 168

Q

Quarkfüllung 80
Quitten 68
Quitten, gebackene 144
– Nocken, Reis- 130
– törtchen 68

R

Reis, Ananas- 164
– Quitten-Nocken
  mit Holunderkompott 130
– pudding aus schwarzem Reis 172
– pudding mit Orangensalat 158
Rotweinbirnen 20
– Erdbeeren mit Apfelsinen-
  sorbet 40
– Sabayon 138
Royale 142
Rum-Canache-Creme 52
– Zucker-Sirup 196

S

Sabayon zubereiten 9
Sabayon, Champagner- 86
–, Kaffee- 106
–, Rotwein- 138
–, Schokoladen- 124
–, Weißwein- 150
–, Zimt- 120
Safran 156
Safranreis 156
Sahne richtig schlagen 6
Sahneguß 146
– roulade, fruchtige 94
Sauce, Kaffee- 34
–, Kokos- 166, 172
–, Mandel- 122
–, Schokoladen- 94, 98, 104, 126
  174, 198
–, Schokoladen-Kaffee- 202
–, Schokoladen-Rum- 60
–, Vanille- 118
–, Weinschaum- 96
–, Zimt- 180
Sauerkirschkompott 18, 24, 100,
  106
– sauce 132
– sorbet 7
Schneeklößchen, Beerenkalt-
  schale mit 78
Schokoladengarnitur herstellen 11,
  12, 106, 182
Schokoladencreme 140
– füllung 66
– Kaffee-Sauce, 202
– mousse, geeiste 92
– mürbteig 14
– parfait mit Zimtsauce 180
– Rum-Sauce 60
– Sabayon 124
– sauce 94, 98, 104, 126, 174, 198
– törtchen 66
– tortelett mit Zitrusfrüchtesalat 184
– waffeln mit Kokosnuß-Sorbet 198

Smoutebollen 72
Sorbets zubereiten 7
Sorbet, Apfel- 186
–, Apfelsinen- 40
–, Kokosnuß- 198
–, Limetten- 174
–, Melonen- 42
–, Sauerkirsch- 7
–, Tamarillo- 7
Soufflé, Gingerbread- 190
–, Mokka-Eis- 74
Spiced bananas 200
Spritzkuchen, in Sirup getränkt 154
Stachelbeerkompott 76
Strudel, Apfel- 118
–, Grieß- mit Mohn 84
–, teig 84, 118

T

Tamarillos 206
Tamarillo-Sorbet 7
Tequila-Birnen 204
Toffee-Pudding 58
Topfenfüllung 142
– knödel 110
– palatschinken 142
Törtchen, Baiser- 104
–, Orangen-Mandel- 14
–, Quitten- 68
–, Schokoladen- 66
Traubenkuchen 146
Trifle, an excellent 62
Tulumba tatlısı 154

V

Vanillecreme 100, 140
– eis 16, 70, 76
– parfait 200
– sauce 118

W

Waffeln mit Stachelbeeren
  und Vanilleeis 76
Waffelteig 76, 198
Walnüsse 44
Walnußparfait 44
Weingugelhupf 114
– schaumsauce 96
– sud zum Tränken 114
Weißwein-Sabayon 150
Windbeutel, Creme- 88

Z

Zimt 162, 180
Zimteiscreme 144
– sabayon 120
– sauce 180
Zitronengrießschnitten
  mit Nektarinenkompott 152
– sirup 152
Zitrusfrüchtesalat 184
Zuppa inglese 140
Zwetschgenknödel 112
– kompott 102

Kochkunst mit internationalem Anspruch in der Gourmet-Reihe
DIE 100 BESTEN REZEPTE AUS ALLER WELT

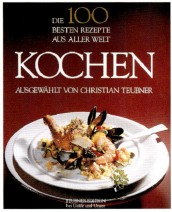

KOCHEN
216 Seiten mit 413 Farbfotos
Format: 21,5 x 27,5 cm
ISBN 3-7742-2684-9
TE-Bestell-Nr. 320

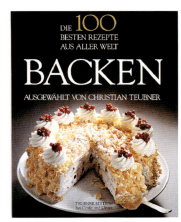

BACKEN
216 Seiten mit 505 Farbfotos
Format: 21,5 x 27,5 cm
ISBN 3-7742-1549-9
TE-Bestell-Nr. 321

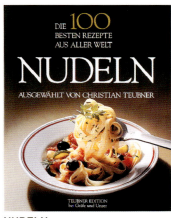

NUDELN
216 Seiten mit 424 Farbfotos
Format: 21,5 x 27,5 cm
ISBN 3-7742-2857-4
TE-Bestell-Nr. 322

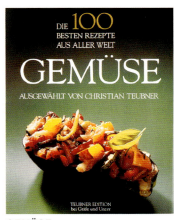

GEMÜSE
216 Seiten mit 405 Farbfotos
Format: 21,5 x 27,5 cm
ISBN 3-7742-2801-9
TE-Bestell-Nr. 323

FISCH UND MEERESFRÜCHTE
216 Seiten mit 420 Farbfotos
Format: 21,5 x 27,5 cm
ISBN 3-7742-2076-X
TE-Bestell-Nr. 324

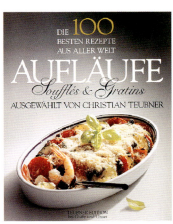

AUFLÄUFE, SOUFFLES & GRATINS
216 Seiten mit 374 Farbfotos
Format: 21,5 x 27,5 cm
ISBN 3-7742-2813-2
TE-Bestell-Nr. 325

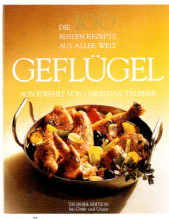

GEFLÜGEL
216 Seiten mit 409 Farbfotos
Format: 21,5 x 27,5 cm
ISBN 3-7742-2802-7
TE-Bestell-Nr. 326

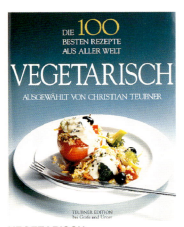

VEGETARISCH
216 Seiten mit 360 Farbfotos
Format: 21,5 x 27,5 cm
ISBN 3-7742-2831-0
TE-Bestell-Nr. 327

Impressum

WIR DANKEN

allen, die durch ihre Beratung, Hilfe und tatkräftige Unterstützung zum Gelingen
dieses Buches beigetragen haben:
Firma Slogan immagine e comunicazione, Herrn Edoardo Ferrarini, Bologna, Italien;
ICEX – Spanisches Generalkonsulat, Düsseldorf; Landwirtschaftsamt Ravensburg, Herr Motzer,
Ravensburg; Hotel Sacher, Herrn Jaroslav Müller, Wien, Österreich.

Copyright	© 1997 by Teubner Edition
	Grillparzerstr. 12, D-81675 München
	Teubner Edition ist ein Unternehmen des Verlagshauses
	Gräfe und Unzer, Ganske Verlagsgruppe
	Teubner-Leseservice@graefe-und-unzer.de
Produkt- und Bildbeschaffung	Angelika Mayr, Pascale Veldboer
Kochstudio	Barbara Mayr (Rezeptentwicklung)
	Oliver Brachat, Helena Brügmann, Walburga Streif
Fotografie	Christian Teubner, Odette Teubner
	Oliver Brachat, Julia Christl, Andreas Nimptsch
	Ulla Mayer-Raichle
Redaktion	Veronika Storath, Pascale Veldboer, Katrin Wittmann
	Dr. Ute Lundberg (oec.troph.)
Layout/DTP	Christian Teubner, Gabriele Wahl
Herstellung	Gabriele Wahl
Reproduktion	Studio Europa, Trento, Italien, Repromayer GmbH & Co KG,
	72770 Reutlingen-Betzingen
Druck	Dr. Cantz'sche Druckerei, GmbH & Co., D-73760 Ostfildern
Auflage	7. 6. 5.
Jahr	2005 2004 2003

Das Werk einschließlich aller seiner Teile ist urheber-
rechtlich geschützt. Jede Verwertung außerhalb der
engen Grenzen des Urheberrechtsgesetzes ist ohne
Zustimmung des Verlages unzulässig und strafbar. Das
gilt insbesondere für Vervielfältigungen, Übersetzungen,
Mikroverfilmungen und die Einspeicherung und
Verarbeitung in elektronischen Systemen.

ISBN 3-7742-2823-X